DE LO MÁS PROFUNDO DE MI CORAZÓN

Decide vivir con pasión y propósito

D1089201

DE LO MÁS PROFUNDO DE MI CORAZÓN

Decide vivir con pasión y propósito

ROBIN MCGRAW

GRUPO NELSON
Una división de Thomas Nelson Publishers
Juntos inspiramos al mundo

www.gruponelson.com

Editorial 10 Puntos es una división de Grupo Nelson
Copyright © 2006 por Grupo Nelson
Una división de Thomas Nelson, Inc.
Nashville, Tennessee, Estados Unidos de América
www.gruponelson.com

Título en inglés: *Inside My Heart*
Copyright © 2006 por Robin McGraw
Publicado por Nelson Books
Una división de Thomas Nelson, Inc.

Todos los derechos reservados.

No se autoriza la reproducción de este libro ni de partes del
mismo en forma alguna, ni tampoco que sea archivado en un
sistema de recuperación o transmitido de manera alguna ni por
ningún medio –electrónico, mecánico, fotocopia, grabación,
escaneo u otro– a excepción de breves citas en revistas o
artículos de críticos, sin previo permiso escrito de la casa
editora, con excepción de lo previsto por las leyes de derechos
de autor en los Estados Unidos de América.

ISBN: 0-88113-067-2

Traducción: *Grupo Nivel Uno*

Tipografía: *MarysolRodriguez.org*

Impreso en los Estados Unidos de América

A mi amoroso esposo y mejor amigo Phillip.

Te amé desde el momento en que Dios cruzó nuestros caminos.

A

mis hijos Jay Phillip y Jordan Stevens,

los amo tanto, muchachos. Son mi pasión. Son mi propósito.

A

mi madre Georgia, por enseñarme a caminar con gracia y dignidad, en

los días buenos y los malos. Y a mi padre Jim por vencer más de lo

que un hombre debiera vencer, y por amarme tanto siempre.

A

todas las mujeres que acogen las decisiones de sus vidas.

CONTENIDO

RECONOCIMIENTOS

Escogí el título *De lo más profundo de mi corazón*, porque el escribir este libro fue definitivamente una experiencia que tuvo que ver con sentimientos en lugar de pensamientos. A los 52 años de edad siento que a pesar de algunos momentos difíciles, tengo que considerarme absoluta y decididamente una de las mujeres más bendecidas del mundo. Escogí la palabra *bendecida*, en lugar de *suertuda*, porque creo que Dios me ha cuidado personalmente a lo largo de toda la trayectoria, todos y cada uno de los días. «Reconocimiento» de su gracia no es una palabra lo suficientemente grande como para describir esas bendiciones.

La bendición más grande de todas tiene que ser indiscutiblemente mi esposo Phillip. Él me ha amado, creído, apoyado, y animado desde el momento en que nos conocimos. Desde el instante en que sentí sus grandes y fuertes brazos alrededor mío supe que había encontrado al hombre que Dios había escogido para que comparta el resto de mis días. Cuando decidí escribir este libro, él estaba totalmente emocionado. Como consumado autor él sabía el trabajo que esto representaba, sin embargo no dudó de que pudiera y que llegara a convertirlo en realidad. Él se hace llamar mi «crítico cauteloso» porque sabe que detesto que me digan lo que tengo que hacer. De manera que fue con mucho valor y riesgo personal que me ofreció no sólo su amor y apoyo, sino también su crítica constructiva. Phillip, tú siempre has estado a mi lado públicamente y dentro de mi corazón privadamente. Te agradezco por ser el que más aplaude y anima en mi vida, todos y cada uno de mis días. Nuestro recorrido apenas ha comenzado.

Agradezco también a mi querida familia, Jordan y Jay, y ahora mi preciosa nuera Érica. Ustedes muchachos, son la fuente más grande de gozo que yo como madre pudiera imaginar. Ustedes se van a hallar a lo largo de todas estas páginas, porque han sido la misión de mi vida. Verlos convertirse en los jóvenes que ahora son me da fuerza, valor y confianza para escribir este libro y compartir las experiencias de mi vida y nuestra familia con tanta gente alrededor del mundo. Cada vez que los veía o pensaba en ustedes dos, escribía más rápido y con más intensidad para inspirar a las mujeres a que sean simplemente las mejores que puedan ser esperando que tengan las recompensas del corazón que ahora cosecho cuando los miro a ustedes. Les agradezco a los dos por su ayuda, apoyo y amor durante este largo proceso. Si no sucediera nada más en mi vida, ustedes dos han hecho que el recorrido sea más de lo que cualquier mujer o madre pudiera pedir.

Gracias también a Jamie, Cindi, y Karin, mis hermanas, y a Roger mi hermano mellizo. Tantas de las lecciones que he aprendido y compartido en este libro fueron experimentadas con cada uno de ustedes a mi lado. Ustedes cuatro siempre me hicieron sentir completamente especial, y sé que fue duro para ustedes, sabiendo que yo era ¡la favorita de mamá y papá! ¡Ja!

Agradezco también a las tres hermanas de Phillip, Deana, Donna y Brenda. A veces pienso que ustedes tres le enseñaron demasiado acerca de las mujeres, porque ¡pobre de mí si pudiera salirme con la mía! Hablando en serio, ustedes tres han sido mi apoyo acérrimo desde que por primera vez salí con su hermano y siempre me han tratado como familia, lo cual a veces era algo desesperadamente importante. Les agradezco por todo lo que han sido a través de estos últimos treinta y cinco años.

Un agradecimiento muy especial a «Grandma Jerry» por ser mi «otra madre». En particular porque perdí a mi madre tan temprano. Tener la rica y maravillosa relación contigo ha significado más para mí y ha llenado un vacío más grande de lo que te pudieras imaginar. Tu espíritu amoroso y caritativo, actitud siempre positiva y valor persistente en la presencia del dolor asombroso y el desafío en tu propia vida me ha inspirado a ser una mejor mujer. Gracias sobre todo por el regalo del maravilloso hombre que criaste y me diste con tal bendición incondicional. Tú has sido primero una madre y segundo una suegra y una campeona en ambas. Grandma, gracias por amarme a mí y a nuestra pequeña familia.

También tengo que agradecer a Scott Madsen, miembro de la familia, amigo, apoyo, y dadivoso de primera clase. Scott, nunca has dicho no, nunca estás demasiado cansado para ayudar y siempre encuentras la manera positiva de contribuir. Tu ayuda y apoyo mientras escribía este libro y tu asistencia con la logística ha sido invalorable. Gracias por siempre estar presente.

También un agradecimiento especial a mi buena amiga Jan Davidson. Jan, tú y yo crecimos juntas como mujeres, madres y esposas durante los últimos veinte años. Todo lo que hemos compartido, ya sean pruebas y tribulaciones o aventuras y victorias emocionantes sencillamente no hubieran sido lo mismo sin tenerte a mi lado. Estuviste presente en tantas cosas que he compartido en este libro y estoy muy agradecida por ello. Es tan maravilloso tener una amiga que nunca falla en celebrar tus éxitos y que solamente te desea lo mejor. Gracias por siempre estar presente, y espero ansiosamente ver lo que nos deparan los próximos veinte años.

Un agradecimiento especial a Terry Wood y Carla Pennington. Aunque sólo las he conocido en los últimos cinco años, ustedes han compartido y contribuido tanto para que esta pequeña y poco notoria chica del campo encuentre el camino a seguir en el laberinto de la opinión pública. Su fe en mí, constante preparación y apoyo me ayudaron a encontrar la manera correcta de hacer que mi voz, creencias y valores se hagan público. Hemos reído y llorado juntas, pero definitivamente hemos marcado la diferencia. Nadie podría desear mejores amigas. Gracias por ser exactamente lo que son.

Agradezco a Robin Cantor Cooke por su contribución cálida, meticulosa y profesional a este libro. Eres una de las madres más trabajadoras que jamás haya conocido: la manera en que balanceas tu familia y tu trabajo inspira a todo aquel que te conoce.

A mis agentes, Jan Miller y Shannon Miser-Marven y el dedicado y talentoso equipo de Dupree/Miller & Associates, este libro no sería una realidad sin ustedes, su fe en mí, y sus largas horas de diligente trabajo y edición. Su compromiso apasionado para que este libro llegue a las manos de todas las mujeres en los Estados Unidos ha marcado una tremenda diferencia. Primeramente les agradezco por ser tan buenas amigas y segundo por ser profesionales de vanguardia, dedicadas y caritativas. Ustedes son las mejores.

A Mary Graham y la organización Women of Faith, gracias por darme su plataforma para dar a conocer mi mensaje a decenas de miles de oyentes femeninas. Su organización está dedicada a tocar los corazones de muchas mujeres, y me siento honrada de ser parte de su familia.

Y desde lo más profundo de mi corazón, quiero agradecer a Thomas Nelson Publishing. A Jonathan Merkh quien acogió la visión que tenía de este libro desde el primer día y nunca flaqueó en su apoyo, y a Mike Hyatt por preocuparse tanto por este libro. Agradezco al tremendamente talentoso y dotado equipo de Thomas Nelson. Todos ustedes hicieron que esta sea una experiencia editorial de primera clase.

Capítulo 1

DE MI CORAZÓN AL TUYO

Tengo una misión: la de hacer que sientas entusiasmo por tu vida. Y déjame decirte que yo siento entusiasmo no sólo por ser mujer, sino por ser madre, esposa, entusiasta ama de casa y por esta nueva carrera en la que me embarco como escritora a los cincuenta y dos años. Mi mayor esperanza es que lo que escriba en estas páginas te inspire y ayude, y también a otras mujeres, ofreciendo una mirada hacia mi interior, a lo que soy, a cómo he vivido mi vida, a las dificultades por las que pasé, las decisiones que tomé y cómo las tomé. El viaje no siempre fue fácil, y seguro que no siempre divertido, ya que he tenido mi porción de desilusiones a lo largo del camino.

Creo que hoy soy más inteligente de lo que era ayer, y sé que mucho más que hace diez, veinte o treinta años. Tengo la suficiente inteligencia ahora como para valorar mis experiencias a lo largo de este medio siglo de vida en este mundo y sé que las que cuentan son todas el resultado de decisiones que tomé. Pero también sé que mucha gente no se da cuenta de que hay opciones, que sí tienen control sobre muchas de las cosas que les suceden. La libertad de decidir cómo vivir nuestras vidas es uno de los grandes regalos que recibimos, y de eso hablaré en este libro.

> Uno sí puede decidir en la vida. De hecho, *se debe* decidir para poder vivir la vida que uno desea. Y nos demos cuenta o no, estamos decidiendo a cada momento. Hasta el no decidir es una decisión. Una elección.

Creo que muchas personas van por la vida sin siquiera pensar de veras quiénes son o por qué hacen lo que hacen. Es como si viviéramos en piloto automático, mirando adelante sin ver nada más que lo que tenemos delante de las narices. Sé cómo se siente uno porque me pasó. Por lo general logro salir de mi adormecimiento y retomo el control bastante pronto, pero también sé lo fácil que es volverse pasivos. Hacemos cosas, damos nuestro acuerdo, o aceptamos lo que venga sin pensar si será bueno para nosotros o no, y al aceptar las cosas de manera pasiva renunciamos cada día a oportunidades que se presentan para que podamos crear la vida que deseamos.

No hace falta que sea así. Uno sí puede decidir en la vida. De hecho, *se debe* decidir para poder vivir la vida que uno desea. Y nos demos cuenta o no, estamos decidiendo a cada momento. Hasta el no decidir es una decisión. Una elección. Yo sé que eso es verdad porque es una verdad que he vivido.

En mi corazón siempre supe lo que quería, desde que era muy pequeña. Vivo cada día de mi vida como una aventura, y veo cada aspecto de mi vida como un evento. La vida ha intentado derrotar este espíritu que hay en mí, y probablemente sepas de lo que estoy hablando. Sin embargo, siempre tengo fe en que las cosas irán mejor. No importa el paso de los años, ni qué tan vieja me voy poniendo. Siempre despierto cada mañana agradecida porque estoy viva y sana, y con pasión por aprovechar el día al máximo. Y aunque siempre lo supe, no fue sino hasta que me senté a escribir este libro que comencé a pensar cómo fue que llegué a ser así, y cómo es que mi vida resultó ser lo que es.

> Creo absolutamente que para que una mujer conozca la felicidad, la plenitud y la paz, necesita saber dos cosas: quién es, y en quién ha de convertirse.

Sencillamente no puedo imaginar querer ser nada ni nadie más de lo que soy: una mujer que piensa con libertad, esposa del hombre al que amo, madre de dos hijos ya grandes.

Observarás que digo: «Ya grandes». Cuando mi hijo menor dejó el hogar para ir a la universidad hace un año, declaré mi independencia de los rigores diarios de la crianza, y ahora estoy al borde de una fase nueva y excitante en mi vida. No sé si los cincuenta de hoy son los nuevos treinta, pero sí sé que estoy en mis cincuentas y que me encanta. También sé que no me convertí en quien soy por suerte y nada más. Lo hice escuchando la voz de Dios, conociéndome y usando todo ese conocimiento para crear la vida que deseaba.

Verás, creo absolutamente que para que una mujer conozca la felicidad, la plenitud y la paz, necesita saber dos cosas: quién es, y en quién ha de convertirse. No es lo mismo, porque la primera cosa tiene que ver con la realidad de nuestra vida, y la segunda, con nuestro propósito en este mundo, que es algo que cada una de nosotras deberá descubrir por sí misma, y que nadie más puede dictaminar. Ni nuestros esposos, ni nuestros padres, ni los hijos, ni empleadores o amigos.

> Quiero que sientas entusiasmo por la etapa de la vida en la que te encuentras. Entusiasmo por ser mujer en este día y este momento, entusiasmo por ser la mujer que Dios quiso que fueras al crearte.

Creo que cada vez nos cuesta más diferenciar esto: quiénes somos y quiénes hemos de ser. Muchas veces nos perdemos, intentando mantener el loco ritmo de la vida. Nos arrastramos fuera de la cama en la mañana, ya atrasadas media hora y pasamos la mayor parte del día respondiendo a las necesidades y exigencias de los demás. En algún punto a menudo perdemos de vista ese ser femenino esencial, esa singular entidad dadora de vida que tonifica nuestro ser y da calidez al alma de las personas a las que amamos.

Pero no tenemos que perder ese ser femenino, y el modo en que podemos aferrarnos a ello es aceptar nada menos que ser sencillamente la mejor... la mejor mujer que podamos ser en los roles que elijamos para nuestras vidas: esposa, madre, hija, hermana y amiga. Y cuando se trata de ser madres, hay algo que quiero decir: ya sea que nos quedemos en casa con los hijos o trabajemos y luego regresamos al hogar para estar con ellos, el punto es que seguimos siendo madres de tiempo completo, y más allá de eso, somos mujeres. Porque lo fuimos mucho antes de ser madres, y lo seremos cuando los hijos dejen el nido.

Creo que se nos puso en esta tierra para que disfrutemos vidas de gozo y abundancia, y eso es lo que quiero para ti y para mí. Quiero que sientas entusiasmo por la etapa de la vida en la que te encuentras. Entusiasmo por ser mujer en este día y este momento, entusiasmo por ser la mujer que Dios quiso que fueras al crearte.

Y todo está allí, para que lo decidamos porque creo en lo profundo de mi alma que el modo en que vives, el modo en que yo vivo, el modo en que vivimos todas, como mujeres que somos, tiene mucho que ver con nuestras decisiones. Tenemos derecho a elegir ser felices. Tenemos derecho a elegir tener una buena actitud. Todo tiene que ver con la elección, con la decisión. Y te digo ahora mismo que usaré esta palabra a lo largo del libro porque para mí, la decisión, la elección es muy importante.

Muchas mujeres me oyen decir esto e imagino que pensarán: Claro, para ti es fácil. *Vives en una casa hermosa, con un esposo exitoso que te ama y probablemente tengas todo lo que quieras. Eres privilegiada.* Sí, es cierto. Pero ¿sabes cuál es el privilegio de verdad? El privilegio real es que tenemos libre voluntad, y que somos libres de acoger los aspectos alegres de la vida, rechazando lo que nos lastime de modo que podemos elegir lo que funciona y descartar lo que no. Es un privilegio tener derecho a hacernos cargo de nuestra existencia y sentir entusiasmo por nuestra vida.

No hace falta lo caro para poder ser feliz: nuestro primer departamento tenía unos 50 metros cuadrados, con piso de linóleo y alfombras de nylon gastadas. Y yo conducía un Comet modelo 1962, cuya brillante pintura de color turquesa parecía aplicada a pincel. Viví los primeros cuarenta y ocho años de mi vida en el corazón de este país, y cuando era pequeña no comía con cuchara de plata, sino de acero inoxidable. Aún así siempre me sentí afortunada de ser quien soy, con entusiasmo ante lo que la vida tendría en el futuro para mí.

Elegí hacer de mi esposo y mis hijos el centro de mi vida, y jamás, ni por un momento, ni siquiera un segundo, lo lamenté. He sabido desde que era pequeñita que mi papel en esta tierra sería el de esposa y madre, y es exactamente lo que elegí hacer. Y a través de la integridad de esa decisión creé la vida que anhelaba y que nunca tuve de pequeña.

Crecí en Oklahoma, con tres hermanas mayores, un hermano mellizo y padres que nos amaban con todo el corazón. Mis padres estaban tan enamorados que nos enseñaban cómo podía un matrimonio vivir en una casita, criar cinco hijos, y aún así, llevarse bien. Nunca nos alcanzaba el dinero para comprar todo lo que hacía falta, ni todo lo que deseábamos. Sin embargo, siempre nos consideramos amados, en lugar de carenciados.

Mi padre era un borracho, y jugador empedernido. A causa de eso yo vivía cada día con incertidumbre. Despertaba cada mañana pensando: *¿Volvió papá a casa anoche?* Y si no había vuelto pensaba: *¿Será hoy el día en que volverá?* O si había estado en casa durante varios días me preguntaba: *¿Será hoy el día en que este hombre a quien amo tanto comience a beber y apostar otra vez? ¿Cuánto durará esta borrachera? ¿Alcanzará el dinero para comprar comida? ¿Nos cortarán la luz este mes, otra vez? ¿Cuánto tiempo pasará antes de que se vaya a trabajar durante el día y vuelva por la noche, actuando como mi papá, otra vez?*

Yo sabía que era un hombre bueno y maravilloso, y lo amaba con todo mi corazón. También sabía que tenía una enfermedad que nos robaba a mí y a mis hermanos el padre que anhelábamos. Cuando era muy pequeña, más que nada en el mundo quería sanar a mi papá. Pero como no podía hacerlo, decidí que dedicaría mi vida a deshacer el legado de duda, dolor, miedo e incertidumbre que acompañaba su gran amor por nosotros. Lo perdonaba aun entonces, cuando era una niña nada más, pero el miedo no se iba nunca.

Así que cuando crecí, mi plan fue enamorarme, casarme e iniciar mi propia familia. Y decidí entonces que no traería esa parte del legado de mi padre a mi vida adulta. Jamás me casaría, y ni siquiera saldría, con un hombre que bebiera o apostara. Recuerdo haber tomado esa decisión con plena conciencia, diciendo: Adoro a mi padre y voy a traer todo lo bueno de su legado a mi vida, viviendo y abrazando todo esto con mi esposo y mis hijos. Pero no permitiré que esa parte de su legado entre en mi vida adulta.

Si mi padre tuvo poderosa influencia en mí, también la tuvo la extraordinaria mujer que fue mi madre. Dicho de manera sencilla, mi madre vivía por sus hijos. Siempre se postergaba: si no había suficiente comida en la cena, era ella quien comía menos. A menudo se quedaba levantada hasta después de medianoche, fregando el piso del baño o planchando las camisas de mi padre, o encorvada sobre la máquina de coser, haciendo una blusa o falda para mí con retazos que conseguía en las liquidaciones y ofertas.

Y también habían noches en que manejaba por toda la ciudad conmigo o una de mis hermanas buscando a mi padre que no había regresado a casa en un par de días. Manejábamos lentamente con las ventanas abajo, y mirábamos en la oscuridad, para ver si lo encontrábamos inconsciente en algún playón de estacionamiento, o muerto en un callejón. Hicimos estas lúgubres excursiones varias veces, pero no encontrábamos a mi padre. Mamá daba la vuelta y conducía de regreso a casa, cansada pero optimista esperando que volviera sano y salvo, y antes de que pasara mucho tiempo.

Esa preciosa mujer jamás se puso delante como prioridad. Tampoco se cuidaba, y esa es la razón por la que murió de un catastrófico infarto a los cincuenta y ocho años, nada más que cinco años más de los que yo tengo hoy. Yo estaba casada y con un hijo de seis años cuando murió mi madre y me juré ese día que jamás permitiría lo mismo en mi vida. Yo amaba a mi madre, y traje su legado de amor y devoción a mi relación con mis hijos. Pero también elegí rechazar el legado de abandono que hizo que se fuera de mi lado cuando todavía me hacía tanta falta. Por eso como comida sana, hago ejercicio todos los días y me aseguro de cuidarme para que mi cuerpo no se desarme antes de tiempo. Es exactamente lo que mi madre hubiera querido para mí aún cuando no lo hizo para ella misma. Creo de veras que la mejor forma de honrar la memoria de mi madre es no perpetuando su legado sino eligiendo las partes que para mí son correctas, dejando de lado las que no lo son.

El concepto de redefinir tu legado es algo por lo que siento pasión, en especial cuando se trata de las mujeres. Porque hay muchas que simplemente existen dentro de vidas que ni eligieron ni contemplaron. Muchas hemos reproducido con fidelidad las conductas de nuestro padre o madre, duplicando sus patrones y manifestando un legado que aunque inconscientemente, nos sentimos obligadas a cumplir.

Quiero que sepas que puedes elegir: no hace falta que traigas a la rastra el legado de tus padres a tu vida, como ese juego de comedor tan antiguo que tu tía te dejó en el testamento. Si te sientes feliz usándolo para cenar, muy bien. Pero si no te gusta, recuerda que tienes opciones. Puedes guardar la mesa y deshacerte de las sillas, o deshacerte de la mesa y quedarte con las sillas (retapizarlas quizá para que sean más cómodas). Y si detestas la mesa y las sillas que te dejó tu tía, deshazte de ellas antes de llevarlas a casa.

Así como los muebles de tu tía quizá no combinen con tu casa, también el estilo de vida de tus padres puede no combinar con tu vida. No estás insultando a tu difunta tía al rechazar sus viejos muebles, y no traicionas a tus padres si vives tu vida de manera distinta a la que vivieron ellos. De hecho, estarás siendo sincera contigo misma. Creo en mi corazón que no necesitas traer a tu vida nada de lo que no funcione para ti, y que no estás predestinada a vivir un futuro en cuya creación no tuviste parte alguna. Cada una de nosotras tiene la voluntad para crear su propio legado. Todo es una elección.

Escribir este libro me ha exigido pensar en las decisiones que tomé, y me hizo tomar conciencia del emocionante poder que tengo de vivir la vida que elija. No sé cómo sucedió, pero desde que tengo memoria supe que mi vida tenía un propósito, y he ido en pos de él con pasión. Jamás pensé que fuera una víctima de las circunstancias. En cambio, examiné mis circunstancias, evaluando su utilidad en mi vida, y las usé como plano de obra para construir la vida que yo quería. Siempre me vi como la persona y la fuerza, además de Dios, en quien podría contar para diseñar la vida que quería vivir, y hacerla realidad. Sabía que sería esposa y madre, y lo logré. Quería un esposo que no bebiera ni apostaba, y lo logré. Quería cuidarme para poder mantenerme saludable y vibrante para mi familia, y lo logré (aunque confieso que cuando logre deshacerme de los aparatos de gimnasia me sentiré la más feliz del mundo). Y todo eso sucedió como resultado de decisiones conscientes,

> Mi objetivo en este libro es contarle a quien lo lea lo que es el poder de elegir cómo vivir en lugar de aceptar lo que venga, no para que tomen las mismas decisiones que yo tomé, sino para que tomen las que funcionen en *sus* vidas.

aunque algunas fueron difíciles y atemorizantes. Lo más importante es que la idea de vivir una vida que no quería me daba mucho más miedo que la responsabilidad de decidir crear la vida que sí quería.

Creo que en esta vida se nos define no por el tipo de vida en el que nacemos, ni por nuestros ancestros, raza o religión, sino por nuestras decisiones. Al decidir vivir con pasión y propósito, formé una vida rica, llena de recompensas, no porque sea especial, ni por ser una genio o por tener el favor de las estrellas. Lejos de eso. Crecí siendo pobre, y mis padres no tenían educación formal. Éramos una familia obrera, y otras veces, una familia desempleada y no era raro que cenáramos cereal frío. Jamás me compraron un vestido de la tienda hasta que terminé la secundaria, y me veía obligada a adaptar mi vida a un hogar donde nunca se sabía muy bien quién estaba a cargo.

> Creo que en esta vida se nos define no por el tipo de vida en el que nacemos, ni por nuestros ancestros, raza o religión, sino por nuestras decisiones.

Sin embargo, iba a la cama sabiendo que mis padres me amaban, y sabiendo que un día utilizaría ese amor para dar calor a los corazones de mis propios hijos. Fue entonces, cuando era tan sólo una niña en Duncan, Oklahoma, que decidí ser lo mejor que pudiera ser. Soy prueba viviente de la sabiduría de tal decisión.

Mi objetivo en este libro es contarle a quien lo lea lo que es el poder de elegir cómo vivir en lugar de aceptar lo que venga, no para que tomen las mismas decisiones que yo tomé, sino para que tomen las que funcionen en *sus* vidas. No soy una experta profesional, y por cierto no soy experta en tu vida, pero sí soy experta en la mía y eso es lo que quiero compartir con usted.

No tengo por intención aconsejar a la gente sobre cómo resolver sus problemas (eso lo dejo a criterio de mi esposo). Sin embargo, he tenido dificultades a lo largo de los años y sé un poco sobre qué es lo que funcionó para mí en esta vida. He aprendido a elegir mis batallas, cuándo y cómo avanzar, y cómo doblarme sin quebrar. Es decir que logré encontrar cómo no «perderme» en el curso de ser tantas cosas para tantas personas en tantas áreas de mi vida. He decidido participar activamente en mi vida, y no ser solamente parte del público, y al hacerlo elegí cómo ser mujer, cómo ser esposa, y cómo ser madre de maneras que me son únicas. Ofrezco estas historias como evidencia del poder de la determinación, la voluntad y la fe en Dios.

Y de seguro, no lo hago sola. Despierto cada mañana agradeciendo a Dios por todo lo bueno, lo recto y lo verdadero en mi vida. Agradezco este esposo que me tiene como prioridad en su corazón porque elegí estar firme a su lado. Agradezco por estos dos hijos sanos y fuertes que cada día me recuerdan que decidí bien en cuanto a mi misión aquí en la tierra. Agradezco por las personas en mi vida cuyo amor y afecto son fuentes de constante rejuvenecimiento para mi espíritu. Finalmente, agradezco por el don del libre albedrío y la oportunidad de elegir la vida que Dios tiene como designio para mí.

Y por último, aunque no menos importante, agradezco la oportunidad de llegar a las mujeres de todas partes, y tocar sus vidas contándoles sobre la mía. Quiero llegar a todas, las más jóvenes y las mayores, las casadas y las solteras, las madres y las que no lo son, las que trabajan fuera de casa y las que no.

Al escribir este libro me encuentro mirando a lo profundo de mis recuerdos, viendo reflejos de cosas en las que no he pensado en años, en décadas a veces. Cuando me extiendo para tocar a todas estas mujeres, lo hago con delicadeza. Porque Dios me bendijo de modo que todavía siento la mano de mi madre, y veo la sonrisa de mi padre. Es esto lo que ofrezco en partes iguales: humildad, asombro y verdad. Si algo de eso llega al corazón de alguien, en algún lugar y de alguna manera, me consideraré bendecida en abundancia.

Capítulo 2

El corazón (y la mente) de una mujer

S i estás casada, gran parte de tu tiempo y energía se destinarán a vivir con tu esposo. A veces es fácil, a veces es difícil y a veces es imposible. He vivido con mi esposo durante treinta años, y tengo que decir que es mucho mejor de lo que jamás soñé. Pero hay gente que me pregunta qué tal es vivir con el Dr. Phil. En caso de que también te lo preguntes, te digo lo mismo que a ellos: no vivo con el Dr. Phil. Vivo con un hombre.

Es cierto que el hombre con quien vivo es «el terapeuta de Norteamérica», como le dicen a veces. Pero en casa es como cualquier otro esposo: un hombre, con todo lo bueno y lo molesto que eso implica. Cuando se trata de resolver algo, siempre pareciera que Phillip tiene la respuesta, en especial cuando tiene que ver con personas, y con lo que las hace responder. Eso es fantástico, pero también puede ser frustrante. A veces le digo: «Amor, no quiero saber qué piensas. ¡Quiero ser emocional, irracional e impulsiva!»

Pero en serio, también tengo razón muchas veces y cuando la tengo, no me da vergüenza decirlo. Jamás dudo en hablar cuando pienso que no me toman en serio, sea un médico, un contratista, un maestro, director o el terapeuta de Norteamérica para tal caso. Después de todo, hablamos de un hombre que discute con el perro como si esperara una respuesta lógica (Y de hecho, sí mi amor, a veces tienes la palabra «estúpido» grabada en tu frente). Nos reímos mucho de esas cosas, pero en realidad, nunca ni siquiera parece estúpido, ni cuando se equivoca. Cuando eso pasa, no es tanto el hecho que se equivoque sino que es un hombre.

Por ejemplo, esto sucedió hace más o menos un año poco después de que Jordan dejara la casa para ir a la universidad. Era una de esas noches en que la casa parecía tener demasiado silencio. Realmente extrañaba el sonido de la voz de Jordan desde su cuarto: «Mamá ¡tengo hambre!» Extrañaba la actividad bulliciosa de sus amigos y su banda de rock, ensayando interminablemente. Recordaba también esa sensación de absoluto silencio, siete años antes cuando Jay se fue a estudiar. Pero en ese momento Jordan tenía once años y todavía habían muchos proyectos de ciencias, muchos juegos de béisbol y mucha ropa para lavar. Ahora Jordan ya no estaba, y mi vida había cambiado.

Tuve mucho tiempo para preparar la partida de Jordan, unos dieciocho años (creo que toda madre anticipa el momento de la partida de sus hijos), y no era como si no tuviera nada que hacer para pasar el tiempo. Entre las grabaciones del programa de televisión de mi esposo (soy parte del público todos los días y participo en muchos de los programas en que tratan temas de mujeres), ocuparme de mis propios proyectos, como el de ser embajadora de la obra de la fundación Dr. Phil en beneficio de niños con desventajas, y responder a lo que parecen ser millones de mensajes de correo electrónico, no tengo tiempo para sentarme a llorar y extrañar a mis hijos.

Además, me había prometido no andar llorando en la presencia de Jordan en sus últimas semanas en casa, porque no quería que se sintiera culpable ni triste por lo que haría con su vida. Me había mostrado constantemente alegre y dispuesta mientras le ayudaba a encontrar sábanas grandes para su dormitorio, y me aseguraba que hubiera empacado suficiente jabón y champú. Es cierto que por momentos, especialmente cuando él me abrazaba, casi no podía evitar que mi mente dijera: *Robin, recuerda lo que se siente, porque quizá no lo sientas hasta el Día de Acción de Gracias.* Lo que definitivamente sentía era un dolor en el pecho y una marea arrolladora detrás de mis párpados.

Sin embargo, me había mantenido fuerte mientras Jordan estuvo en casa. Después de todo, me hacía feliz que fuera a la universidad, y que lo hubieran aceptado en la Universidad Metodista del Sur, el alma mater de la escuela de derecho de su hermano, aunque hubiera una diferencia de dos horas con Los Ángeles, donde ahora vivimos. Nada me importó más que ser una buena madre para mis hijos, y pensaba que yo estaba bien si mi hijo más joven sentía la suficiente confianza en sí mismo como para irse a mil novecientos setenta y nueve punto cuarenta kilómetros, más o menos, de distancia de sus padres.

Pero esta era una de esas noches en que si pensaba en Jordan mi corazón iba a tambalear y yo terminaría llorando en la cama, en el baño, en todas partes.

Las luces estaban apagadas. Phillip se había quedado dormido y yo estaba acostada a su lado, convirtiendo a mi almohada en un charco. Mi esposo no dijo nada, pero seguramente me oyó sollozar porque se dio vuelta y me abrazó, y comenzó a darme palmaditas en la espalda. Yo pensé: *Oh, bendito sea. Lo desperté y ahora sabe que estoy llorando y trata de consolarme.* Y él se mantuvo abrazándome y dándome palmaditas en el hombro, y entonces comencé a sentirme mejor. Luego me levanté y fui al baño a lavarme la cara. Estaba volviendo cuando me di cuenta de algo. Me detuve inmediatamente con mis pies descalzos:

—¡Espera un momento! —dije—. ¿De qué me sirve tu consuelo? Aquí estoy, toda triste, ¡y tú simplemente te vuelves estúpido!

Ahora sí está bien despierto.

—¿A qué te refieres? —preguntó.

—¡Ni una palabra! Me das palmadas en el brazo ¿y eso es todo? ¿Dónde están todas esas palabras de sabiduría que siempre tienes?

El hombre me miraba, nada más.

—¡Eres el Dr. Phil! —dije—. Estoy casada con el Dr. Phil ¿y eso es todo? ¡No tienes ni una palabra para decirme!

Pero por supuesto, esto jamás es así, y me dijo:

—Siempre estás diciéndome que no tengo que intentar arreglarlo todo —respondió—. Tú eres quien dice que a veces solamente necesitas que esté allí y te abrace.

Tenía razón. Se lo había dicho quizá diez mil veces, y eso empeoraba las cosas.

—Típico de los hombres —dije—, ¡tomar mis palabras y usarlas en mi contra!

Así que esto es lo que quiero decir cuando digo que no vivo con el Dr. Phil, vivo con un hombre, que según el *New York Times* es el más prominente especialista en autoayuda y gurú de relaciones. Pero sigue siendo un *hombre*. Un hombre que me ama y me conoce mejor que nadie en el mundo, pero que aún no puede leer mi mente (al menos, no todo el tiempo).

¿Y por qué no habría de ser Phillip como todos los hombres? Él es un hombre, después de todo: mi único amor, el hombre que Dios me dio como esposo, el padre de mis hijos, con quien llevo más de treinta años de casada. Lo conocí, me enamoré y me casé con él mucho antes de que fuera quien es hoy. Sin embargo, no ha cambiado, no por dentro. Era Phillip McGraw cuando lo conocí, y luego fue el Dr. McGraw, y durante los últimos nueve años ha sido el Dr. Phil, pero para mí siempre fue el hombre divertido y dulce que ha llevado a un nuevo nivel esta sensación de ser amada de veras.

Desde nuestra primera cita, en la que no mencioné el matrimonio para nada, dicho sea de paso, aunque él diga otra cosa, siempre pensé que era brillante. Hasta el día de hoy confío en su opinión totalmente, y respeto su mente y la persona que es. Pero cuando llega a casa después de un largo día de grabar en el estudio, con hambre, cansado y preguntándose qué habrá para cenar, de seguro que no es el Dr. Phil. En todos estos años que llevamos de casados, jamás me preguntó cómo están funcionando las cosas conmigo, o me miró como si estuviera loca, diciendo: «Ahora, ¿en qué rayos estabas pensando?»

> Como dije: todo tiene que ver con las decisiones que tomemos, y yo elegí asegurarme de tener una voz clara y fuerte que se oyera, y que los tres hombres de mi vida me trataran con dignidad y respeto.

Él sabe lo que es mejor. Sabe que si quiero al Dr. Phil, preguntaré por él. Phillip tiene gran personalidad, es fuerte, seguro y durante mucho tiempo fue uno de los tres hombres de la casa. Supe desde muy temprano, como la única mujer en esta familia, que tendría que marcar mi territorio, mis límites, deseos y necesidades, o podría ser arrasada por una casa llena de deportistas como dije: todo tiene que ver con las decisiones que tomemos, y yo elegí asegurarme de tener una voz clara y fuerte que se oyera, y que los tres hombres de mi vida me trataran con dignidad y respeto.

Dicho esto, admitiré que es genial tener al Dr. Phil a mi total disposición. Siempre me le acerco y le digo: «Caramba, esa persona es tan...

dame una palabra....tan... » Y esto significa: «Dame al Dr. Phil». Porque puede resumir una emoción, un evento, lo que sea, en una o dos sílabas. Y es todo lo que necesito.

Digo: «Oh, ¡esa persona! Ella es tan... tan…» Y él, sin pestañear dice: «¿Egocéntrica?» Y yo salto y digo: «Perfecto, sí». Cuando una situación o persona me frustran, él puede resumirla en una palabra. De manera que por supuesto, él puede ser el Dr. Phil cuando necesito que lo sea. Pero no me da ese aspecto de él a menos que yo lo pida.

Una vez, cuando estábamos recién casados y viviendo en un pequeño apartamento en las afueras de Dallas, mucho antes de ser el Dr. Phil pero cuando ya se había graduado como psicólogo, pregunté algo que estaba de más. Estaba trabajando de día y estudiando de noche, mientras Phillip obtenía su doctorado en la Universidad del Norte de Texas. Ambos estudiábamos en casa y Phillip se esforzaba por mejorar su capacidad de evaluar psicológicamente a las personas. Le dije: «¿Quieres practicar conmigo?» (En retrospectiva, actué como una idiota. Pudiera haber descubierto mi obsesión por los zapatos, ¡y hubiera salido corriendo!)

Dijo que me preguntaría varias cosas a las que tenía que responder con la mayor sinceridad. Pensé *¿qué tan difícil puede ser eso? Estoy casada con este hombre después de todo.* Sabe todo de mí. Así que él empezó a hacer el perfil, y yo me sentía incómoda. Me preguntaba todas esas cosas sobre mis padres, sobre cómo me sentía con respecto a mi hermano y mis hermanas, y lo anotaba todo. Cuanto más preguntaba, peor me sentía yo, tartamudeando, titubeando. Estaba poniéndome tan nerviosa que por fin me paré de puntillas, lo miré directamente a los ojos y le dije: «Ahora, amigo, escucha: Esta evaluación se terminó». Me estaba dando cuenta de todo lo que este hombre estaba aprendiendo. Le dije: «Bueno, sé que dije que lo haría, pero no puedes usar esta prueba conmigo, y no puedes analizarme si no me lo dices. Si lo vas a hacer, será cuando yo te lo pida». Y esa fue una regla que impuse desde bien temprano.

Nunca más le pedí a Phillip que analizara mis conductas o mi personalidad del modo en que lo haría con un paciente. Supongo que la situación es parecida a la de los cirujanos que no pueden operar a sus familiares porque se involucrarían emocionalmente y su criterio profesional se vería impedido. Y aunque la cirugía al cerebro de tu esposa es muy diferente a tratar de saber lo que está dentro de su cabeza con un perfil psicológico, todo este asunto me ponía muy nerviosa.

Recuerdo otra ocasión, muchos años después, cuando estábamos en el auto después de un partido de béisbol de Jordan, esperando que volviera del vestuario. Todos los autos de los padres estaban en fila, esperando lo mismo, y las madres estaban reunidas, conversando, y riendo en el patio. Ahora, me encanta conversar, pero acababa de pasar dos horas con estas mujeres durante el partido y en ese momento lo único que quería era ir al auto con mi marido, ocuparme de mis asuntos y esperar a mi hijo para ir a casa a cenar.

Me volví a Phillip (gran error) y dije algo así como: «Me pregunto qué es lo que me pasa que no quiero estar allí charlando con las demás. ¿Crees que es algo malo?»

Ahora, lo que tendría que haber dicho él era: «Oh, no amor. No está mal. No hay nada malo en ti. ¡Eres perfecta!»

En cambio, dijo: «Bueno, sí, puede significar que tengas tendencias antisociales y que estás evitando el contacto interpersonal con tus semejantes». Lo miré y pensé: *Oh, caramba ¿Es realmente así de denso, pensando que me puede decir todo lo malo que hay en mí así nomás? ¿No me conoce mejor, después de veintitrés años, siete meses y tres semanas de matrimonio?* Me enojó tanto que no le hablé durante horas. Seguía repitiendo en mi mente sus palabras, con él allí en el asiento del conductor, estudiándome, y yo ahí sentada diciendo: «Caramba, Phillip ¿tenías que decirme eso?» Lo que dijo no era exactamente denigrante, pero tampoco fue un elogio. No me gustó cómo sonaba.

Estuve enojada con él toda la noche, y estoy hablando del tipo de enojo que dice: «siéntate lejos porque no quiero estar contigo», (porque soy antisocial, claro está). Pobre hombre, se quedó allí sentado, meneando su cabeza y murmurando: «Bueno, me lo preguntaste». Y yo me sentía dolida, molesta, y respondí: «Bueno, sí, pero ya sabes». Claro que no lo sabía. Es un hombre. Y cuando le dices a un hombre que tú quieres que te diga la verdad, él piensa que así es. Y yo más o menos hice eso, pero no quería que me viera en esos términos, como si fuera un conejillo de indias, al cual se le podía pinchar para saber sus reacciones. Era mi esposo, no mi terapeuta, y nunca más volví a pedirle que me analice.

En nuestro matrimonio funcionan los límites entre lo que él hace como profesional y el modo en que vivimos en casa. No estoy casada con ese hombre de traje y corbata que ayuda a la gente con sus problemas en la televisión. Estoy casada con Phillip McGraw, el hijo de Grandma. Así es como llamamos a su madre, y así es como lo veo: como el hijo de una mujer que hizo una excelente tarea, criando a un hombre decente, de la misma manera en que yo he intentado criar a nuestros hijos. Y si mi trabajo con mis hijos es la mitad de bueno del de Grandma y los suyos, podré mirar en retrospectiva mi vida y sentirme bien conmigo misma.

> Siempre sentí vocación de madre y siempre supe que iba a hacer todo lo posible por mis hijos porque quiero ser capaz de decir que estoy haciendo un buen trabajo, sin lamentarme por nada.

Esto es importante para mí, porque como dije antes creo que me pusieron en esta tierra no sólo para ser esposa y madre, sino para ser la esposa de Phillip, la madre de Jay y Jordan, y realmente quiero poder ver a mi familia, el trabajo de mi vida, y saber que lo hice bien Siempre sentí vocación de madre y siempre supe que iba a hacer todo lo posible por mis hijos porque quiero ser capaz de decir que estoy haciendo un buen trabajo, sin lamentarme por nada.

Quiero sentirme orgullosa por haber criado hijos decentes. No quiero vivir lamentándome de saber que pude haberme esforzado más para ayudar a que mis hijos llegaran a ser adultos sanos y felices. Esto no quiere decir que no podría haber hecho las cosas mejor, o de manera distinta. Como joven esposa y madre, cometí todos los errores predecibles, típicos, y fueron bastantes. Aún no puedo creer que hice lo que voy a contar ahora. Si hablamos de madre joven despistada, yo era la definición de ese término. Bueno, lo cuento.

Traje a Jay del hospital, lo puse en su cuna con sabanitas, frazada y chichonera de colores que hacían juego, y vi que no tenía pañales, biberón, ni leche en polvo en la casa (¡Qué va!, había tenido solamente nueve meses para prepararme, y los ocupé preparando el cuarto del bebé, sabes). Así que tomé la bolsa de productos que me habían dado en el hospital, saqué el biberón y la lata de fórmula, diluí el polvo con agua como me había indicado la enfermera, puse a calentar el biberón en una olla de agua en la estufa y le di a Jay su primera comida hecha en casa.

Mientras tanto le pedí a Phillip que fuera a comprar más fórmula, pañales, biberones y otras cosas. Qué bueno que lo hizo porque dos horas más tarde, Jay estaba pidiendo su siguiente comida, justo de acuerdo a su horario. Preparé otro biberón, igual que antes, le di de comer y lo volví a poner en su cuna.

Apenas tuve tiempo de acomodarme, y ya estaba llorando otra vez. Ese bebé comía mucho. Parecía que no pasaba ni siquiera una hora de haber terminado su biberón cuando otra vez ya estaba con hambre. Me alegré de que Phillip hubiera comprado una caja entera de latas de fórmula, porque ese chico las consumiría más rápido de lo que yo comía panqueques, manteca de maní y sandías mientras estaba encinta.

Lo que me extrañaba era que Jay no parecía aumentar de peso. No tenía sentido. ¿Cómo podría un bebé comer tanto y seguir tan flaco?

Pensé que la fórmula nos duraría un mes; pero el bebé tenía menos de una semana de nacido, y ya estábamos en la última lata. Así que le pedí a Phillip que corriera al mercado y comprara más.

—¿Cómo se llamaba? —dijo.

> Ser madre es más que una etapa en mi vida. para mí, es una misión sin fin, mi vocación aquí en la tierra. Y cuando llegue el momento y esté ante mi Padre celestial, quiero que Él pueda decirme: «Bien hecho».

Tomé la última lata, miré la etiqueta y mi corazón dio un vuelco.

—¡Oh, Dios mío. Oh, Dios mío! —dije.

—¿Qué pasa? —preguntó.

—Oh, Phillip. ¡Oh, no! No puedo creer lo que hice. Estuve mezclando la fórmula con agua, pero aquí dice: «¡No diluir!». La enfermera me dijo que era una fórmula concentrada que había que diluir. Pero esta marca ya viene diluida antes de ponerla en la lata.

Había estado matando de hambre a mi precioso bebé. Mi hermoso primogénito era un bebito flaco y hambriento porque durante cuatro días le había estado dando leche aguada. Me sentí tan horrible, tan culpable, y tan ridícula.

Phillip fue a buscar más fórmula. Yo examiné esa etiqueta como cincuenta veces antes de darle esa fórmula a Jay. Esta vez lo hice bien. Y finalmente, cuando comenzó a subir de peso, unas dos semanas más tarde tuvo un problema digestivo y hubo que operarlo con urgencia. Pero me estoy adelantando a los hechos.

Lo que quiero decir es que aunque no me guste admitirlo (nunca nos gusta ¿verdad?), hay algunas cosas que desearía haber hecho mejor, o diferente. Y aunque todavía me remuerde la conciencia cuando pienso en mis primeros intentos de alimentar a mi bebé, en ese momento, estaba haciendo las cosas como mejor podía.

Siempre fue importante para mí saber que estaba haciendo lo mejor que podía cuando lo estaba haciendo, aunque lo mejor de mí a veces no fue tan bueno. Tanto Jay como Jordan han logrado sobrevivir a mis muchos errores maternales, lo que es un alivio para mí. Creo firmemente que lo felices que son mis hijos es un reflejo de quien soy yo y de lo bien que hice mi trabajo. Ser madre es más que una etapa en mi vida; para mí, es una misión sin fin, mi vocación aquí en la tierra. Y cuando llegue el momento y esté ante mi Padre celestial, quiero que Él pueda decirme: «Bien hecho».

Uno puede cuidar a los hijos cada día, asegurarse de que tengan ropa limpia, y de que estén en casa cada noche, pero ser madre es más que eso. Siempre quise que mis hijos tuvieran gozo interior, esa paz y entusiasmo y orgullo de ser quienes son. No solamente quise asegurarme de que estuvieran bien físicamente, sino también espiritual y emocionalmente. Hay tantas responsabilidades en la crianza de los hijos que siempre quise asegurarme de hacer todo lo que podía para brindarles no sólo lo básico para que sobrevivieran, sino el espíritu y entusiasmo para de veras sentirse que están con vida, para vivir con pasión, gusto y gozo.

Nadie es perfecto. Mis hijos no lo son, y yo tampoco. No estamos siempre de acuerdo en todo, y de vez en cuando uno de ellos hará algo que provoque que me pregunte: ¿En qué rayos estaban pensando? Sin embargo puedo decir con toda sinceridad que me siento confiada de haber hecho todo lo posible dentro de mis capacidades.

Mi objetivo desde el momento en que nacieron no era criar fabulosos chicos de dos años, espectaculares alumnos de primer grado, sino criarlos para que fueran adultos independientes y efectivos. Phillip muchas veces dice en su programa que los padres no criamos niños, criamos adultos, y me gustaría pensar que esa idea la sacó de mí. Porque desde el día en que nacieron Jay y Jordan, siempre creí que mi tarea consistía en prepararlos para ese lejano día en que estuvieran solos.

Ahora, con Jay trabajando y con Jordan en la universidad, ese día ya llegó. Y les digo que llegó *rápido*. Cuando eran bebés, la gente siempre me decía que los disfrutara mientras eran pequeños porque antes de que me diera cuenta ya habrían crecido y yo no sabría dónde se había ido el tiempo. Y aunque les creía, no apreciaba del todo cómo se me escaparían de entre los dedos, como lo hacían en la bañera de pequeños, para convertirse en estos hombres que son hoy. Si tienes un hijo sabes de qué estoy hablando: un día es delicado y tiernito poniendo sus brazos alrededor de la cintura, al día siguiente te abraza y tu nariz queda aplastada contra su clavícula. Lo abrazas y sientes lo fuerte que está, y cuánto más alto que tú, y piensas: *Oh, Señor, esto no es un niño; es un hombre. Mi pequeñito, mi hijo, es un hombre.*

Y en ese momento puedes comenzar a llorar, o pararte erguida, sacar la nariz de su clavícula y seguir adelante con tu vida.

Todo tiene que ver con lo que decidamos. Cuando mis hijos estaban a punto de ir a la universidad, pude elegir y pensé: *Este es el momento de ellos. Quiero que lo disfruten con entusiasmo. Si me siento, llorando, y digo: «Oh, te voy a extrañar, no te vayas»*, estaría haciendo de este momento algo que se centra en mí. Y no es así. Se trata de ellos. Habría sido muy egoísta si hubiese expresado mi amor diciendo: «Cuando te hayas ido, cada día despertaré llorando». ¡Qué carga tremenda! Se han ganado el derecho de irse y vivir esta nueva etapa en su vida. Siempre fue importante que mis hijos supieran que estaría allí para apoyarlos, y que aún lo estoy desde aquí. Tomé una decisión conciente de convencerlos de que estaba entusiasmada y que sabía que les iría bien.

Por eso es que si lloraba por su partida, lo haría siempre en la cama por la noche, o en la bañera (me doy permiso para llorar en la bañera, de día o de noche, porque es uno de mis lugares favoritos). Mis lágrimas eran de gozo, por ser su madre. Y por supuesto que mi tarea cotidiana como madre terminó cuando se fueron. Pero lo que no terminó fue el gozo que sentí y que sigo sintiendo, por ser su madre. Y eso se debe a que tomé esa decisión consciente de celebrar su independencia en lugar de llorar su ausencia. Elegí, y sigo eligiendo, regocijarme en que son competentes, en vez de estar de duelo porque ya no más me necesitan. Porque de hecho, aún me necesitan, pero ahora es de maneras diferentes. Así como crecieron y se desarrollaron, también yo lo hice. Y así como están entusiasmados de entrar a esta nueva fase de sus vidas, yo también estoy entusiasmada de entrar a esta nueva fase de la mía.

No es que no los extrañe. Claro que los extraño. Pero todo es asunto de cómo lo veamos: cuando nuestros hijos dejan el nido, podemos llorar su partida como el final de una etapa profundamente importante de sus vidas, o acogerla como el comienzo de una fase nueva. Podemos negarnos al hecho de que son mayores de edad, y fingir que todavía son niñitos que no pueden vivir sin nosotros, o aceptar que ahora son los adultos que esperábamos que sean, y seguir adelante con nuestras vidas.

Elegí la aceptación.

Es difícil sobreestimar el valor de la aceptación. Ser capaces de aceptar lo que la vida nos presenta es algo de tremenda ayuda. Esa es otra decisión que tomé: amar y aceptar a Phillip como era, como es y como será. ¡Y sí que hubo pruebas! Después de treinta años de matrimonio, he tenido muchas, muchas oportunidades de aprendizaje y crecimiento en el área de la aceptación. Y he progresado de manera extraordinaria, considerando que no siempre tuve un espíritu de aceptación.

Lo cual no es lo mismo que tener un espíritu de amor. Eso sí lo tuve siempre. Phillip sabe exactamente qué es lo que siento por él. Estoy loca por ese hombre, y se lo digo casi todos los días. Pienso que es brillante, sabio, un padre y esposo maravilloso. Es el hombre perfecto para mí, y no puedo imaginarme estar casada con ninguna otra persona.

Esto no quiere decir que seamos iguales. De hecho, somos muy distintos y confieso que aun después de tantos años juntos, hay momentos en que aún no lo entiendo. Por ejemplo, esto es lo que piensa Phillip del chocolate: para él es simplemente un bocadito más. Como las nueces, o una fruta. Ahora, en el mostrador de la cocina siempre tengo una enorme frutera, llena de manzanas jugosas y naranjas apetitosas, que me encanta comer. ¿Pero que un trozo de chocolate derritiéndose en tu boca sea lo mismo que una nuez o un maní? No lo entiendo.

Tampoco entiendo su filosofía del calzado. Si pudieras ver mi clóset lo entenderías. Debo tener cien pares de zapatos, y todavía puedo encontrar espacio para más. Y, chicas, yo sé que ustedes saben a qué me refiero. Una mujer nunca tiene demasiados zapatos. Pero para Phillip, tres pares de zapatos ya son demasiado.

Y también está su forma de reaccionar ante las noticias. Cuando se trata del trabajo, es el hombre más detallista del mundo. Pero cuando se trata de asuntos personales, nunca pregunta lo que hay que preguntar. Viene del trabajo y dice: «Oh, ¿adivina qué? Joe y Elizabeth tuvieron su bebé hoy». Y entonces yo pregunto, muy emocionada:

—Oh, Dios mío, ¿Y qué fue?

—No lo sé —dijo él.

—¿No preguntaste?

—No.

—Bueno —digo, presionando un poquito—. ¿Y qué nombre le pusieron?

—No lo sé.

—¿Y cómo está Elizabeth?

—Seguro que está agotada, Robin. Acaba de tener un bebé.

Ahora, preguntémosle todo esto a una mujer que se entera de este momento tan bendecido en la vida de un matrimonio, y te dirá el nombre del bebé, cuánto pesó, cuánto mide, cuánto duró el parto, cuántos pujos dio hasta que salió, y si piensan tener más hijos o no. Y esto solamente para empezar. Cuando se trata de las mujeres y de lo que nos importa, los hombres sencillamente no hacen las preguntas correctas.

Lo aprendí a duras penas. Sucedió hace más de veintitrés años, pero el recuerdo está muy claro en mi mente. Era sábado y yo preparaba la comida en la cocina. Phillip había estado en el garaje como unas tres horas, tratando de descubrir el origen de un ruido en el auto. Entra a la cocina, ve que estoy cocinando y dice: «Oye, ¿Puedes dejar lo que estás haciendo un momentito y venir a ayudarme?»

Como la simpática esposa joven que estaba tratando de ser entonces, le dije: «Claro, seguro». Apagué el fuego debajo de la sartén y fui al garaje.

Lo primero que vi fue mi hermosa toalla de baño en el suelo, detrás del auto. No era una de esas toallas viejas para lavar el auto. No, era una toalla color crema, cien por ciento de algodón egipcio, con una «M» bellamente bordada en azul. De ese tipo que absorbe perfectamente la grasa y el aceite derramado en el suelo de un garaje.

Me quedé mirando la toalla, y Phillip dijo:

—He estado aquí toda la tarde, y no encuentro de dónde viene ese ruido. Me pregunto si puedes acostarte sobre la toalla y cuando yo mueva el auto quizás tú puedas escuchar el cascabeleo desde abajo.

Miré la toalla, miré el auto y lo miré a él. Y dije:

—¿Sabes qué? El único ruido que oigo es el ruido que hay en tu cabeza, y si piensas que voy a acostarme en esa toalla.

—Oh, no te preocupes. Ya la medí y cabrás perfectamente.

Me quedé parada allí y dije:

—De ninguna manera, amigo mío. No voy a acostarme debajo del auto.

Entonces sugirió algo diferente:

—Bueno, entonces —dijo él—, ¿por qué no entras al auto y me ayudas desde allí?

—Claro que sí —dije—. Eso sí puedo hacer.

Entonces él abrió el baúl y puso la toalla dentro.

Bueno, chicas, me avergüenza decirlo, pero me metí en el baúl. De veras que sí. Entré y me acosté sobre mi linda toalla, Phillip bajó la tapa del baúl un poco y me mostró un hueco que había dentro.

—Aquí podrás poner los dedos para sostener la tapa para que no se cierre —dijo—. Sólo voy a retroceder un poco, y tú escucha para ver si detectas de dónde viene el ruido.

Yo pensé que iba a manejar unos dos o tres metros, dentro del garaje, así que entré. Phillip encendió el motor, retrocedió hasta la pista, entró a la calle sin salida y comenzó a dar vueltas, y yo agarrándome para salvar mi vida. En ese momento, pasa por un montículo y la tapa del baúl se me cierra y quedo atrapada. Él no se da cuenta y sigue dando vueltas. Entonces, me pongo a gritar:

—¡Phillip! ¡Detente!¡Detente!

El auto finalmente se detuvo. Lo oigo bajar y venir hacia el baúl, pero tiene que regresar para buscar las llaves y abrir la tapa. Yo oigo la llave en la cerradura, justo cerca de mi cabeza, y mientras se abre la tapa, veo a mi esposo con una mirada expectante en su rostro.

Ahora, voy a decir lo que no dijo.

No dijo: «Amor, ¿qué pasó?» o «¿Por qué lloras, linda?».

Ni dijo: «Oh, estás sangrando».

Ni siquiera dijo: «¡Cariño, pobrecita! Déjame ayudarte».

No. Mi amado esposo levantó la tapa del baúl, me miró a los ojos y dijo: «¿Oíste algo?»

Digamos que no oí nada, pero él sí oyó:

«¿Cómo me pediste hacer algo semejante? ¿En qué estabas pensando? ¿No viste que se cerró el baúl? ¿No me oíste gritar?» Él solo me miraba como si estuviera exagerando en gran manera. Hasta el día de hoy, él no cree que fue algo raro el pedirme que lo ayudara con el auto.

La verdad es que Phillip y yo pasamos años frustrados el uno con el otro, haciendo exactamente aquello para lo que Dios nos diseñó. Él nunca quiso que Phillip fuera como yo, ni que yo fuera como él. No querrías casarte con alguien igual a ti ¿verdad? ¿Te gustaría realmente casarte con alguien que piense igual que tú, que actúe igual que tú, que hable como hablas tú? A mí no, de seguro que no. Si Phillip hiciera todo lo que yo quiero, no sería él, y eso no me gustaría para nada.

El hombre que me puso en el baúl de su auto es el mismo hombre que cuando estuve en mi momento más triste después de la pérdida de mis padres, me dijo: «Nunca te dejaré. No estás sola».

Y es el mismo hombre que para nuestro vigésimo aniversario de bodas me dio el regalo más lindo que jamás haya recibido. Habíamos ido a cenar esa noche, y celebraríamos pasando la noche en un lindo hotel de Dallas. Cuando llegamos a la habitación, me dio un regalo.

Era un libro encuadernado con un hermoso cuero negro, con letras grabadas en plata sobre la cubierta que decía: «Un paseo de veinte años». Lo abrí, y dentro habían veinte poemas escritos por Phillip. Cada uno reflejaba un año de nuestro matrimonio, desde el 14 de agosto de 1976 hasta ese día, el 14 de agosto de 1996. Y junto a cada poema había un collage de fotografías con los eventos más importantes de cada año, comenzando con fotos de la boda, con Phillip vistiendo su esmoquin blanco y yo en mi vestido de novia, y terminando con el poema en honor a nuestro vigésimo año juntos: «Si la vida fuera un jardín y yo pudiera recorrerlo otra vez, tú eres la flor que elegiría para dar otro paseo de veinte años más».

Estuve sentada allí durante lo que parecía ser horas, saboreando cada poema, llorando y preguntándome cómo se las ingenió para recordar tantos acontecimientos de hace tanto tiempo. Recuerdo haberle preguntado: «¿Cuándo escribiste esto? ¿Y de dónde sacaste estas fotos? ¡Nunca pensé que ni siquiera supieras donde guardaba los álbumes!». Y me dijo que había escrito los poemas cuando esperaba en los aeropuertos, o cuando estaba esperando a que la corte volviera a estar en sesión (en ese momento trabajaba para Courtroom Sciences, una consultoría legal que había fundado).

Jamás olvidaré lo que sentí al abrir ese libro. No sabía que tenía la habilidad de escribir un poema, ¡y qué se diga de veinte! Jamás se me habría ocurrido que hubiera hecho tal cosa. Después de veinte años, aún podía sorprenderme. Y hoy, después de treinta años de matrimonio, sigue aún sorprendiéndome.

Los hombres son complejas criaturas cuyas maneras de actuar nos parecen tan misteriosas como las nuestras les parecen a ellos. No es justo acusarlos de falta de romanticismo o afecto solamente porque expresan su amor y romance de manera distinta a la nuestra. Lo que quiero decir es que no esperes que tu esposo sea como tú. Acéptalo por lo que es como hombre, y acéptate por lo que eres como mujer. No te disculpes por ser femenina. Dios te hizo así a propósito y no permitas que nadie te diga que hay algo de malo en ser mujer y hacer las cosas como las hacemos las mujeres. Las mujeres necesitamos ser lo que somos, e inspirar a nuestros esposos para que nos aprecien tal como somos. Siempre creí que los hombres y las mujeres somos diferentes de maneras muy fundamentales, que ser una mujer femenina es tan poderoso como ser un hombre varonil, y así me gustaría que pensáramos todas. Si tu esposo se burla de tu actuar femenino, dile que intente vivir sin ello durante un tiempo.

Siempre fue importante para los hombres en mi vida ver y respetar cada uno de mis aspectos, mi feminidad y mi fuerza, y ver también que mi feminidad es mi fuerza. Cuando un hombre y una mujer están juntos, él necesita sentir que es el más fuerte en esa habitación y yo no tengo problemas con eso. Los hombres fueron puestos en esta tierra para pararse junto a la puerta y proteger a sus mujeres y niños, y yo digo: «Dios los bendiga». Siempre me aseguro de que Phillip sepa que cuento con su fuerza y que le extrañaría terriblemente si él no estuviera allí. Lo cual no significa que yo no sea fuerte también. Lo soy, pero no siento la necesidad de competir con él por la posición dominante en nuestra relación.

En mi vida siempre he visto el lado maravilloso, fuerte de los hombres que quizá otras mujeres no vean. Pienso que tiene mucho que ver con el hecho de que tengo un hermano mellizo y que le mostré a Roger desde temprano que no siempre tenía que ser el más fuerte solamente porque era el único hijo varón. Que él podía ser vulnerable y que yo siempre estaría allí. Me gustaba decirle: «No te preocupes. Siempre estaré allí para ti, y te cuidaré», cuando éramos bien pequeños.

> Acéptalo por lo que es como hombre, y acéptate por lo que eres como mujer. No te disculpes por ser femenina. Dios te hizo así a propósito y no permitas que nadie te diga que hay algo de malo en ser mujer y hacer las cosas como las hacemos las mujeres.

Creo que fue entonces cuando comencé a sentir este verdadero amor por la maternidad ya que siempre quise cuidar a Roger, me lo pidiera o no. Cuando éramos chicos nos mudábamos muy a menudo y teníamos que cambiar de escuela con frecuencia. Recuerdo cuando estábamos en primer grado en una escuela nueva, cuando la maestra quiso que un día Roger y yo nos quedáramos después de las clases para poder tomarnos una prueba de lectura y así determinar la clase de lectura que nos correspondía.

Ella se sentó con Roger en el escritorio que estaba delante de mí, y le dijo que él iba a leer primero. Roger entonces comenzó a leer en voz alta: «Mira a Spot, cómo corre» Pero antes de que llegara a la parte de «corre», yo lo decí por él. Roger leyó: «Mira a Spot...» y yo diría: «Cómo corre». Luego decía «Jane va afuera», y yo intervenía diciendo: «a jugar». Yo terminaba todas las frases por él.

Al cabo de unos diez minutos la maestra dijo: «Robin, querida, vas a tener que dejar que lea su parte». Y entonces pensé: *Oh, oh, esto no va bien. No me va a dejar ayudarle.* No es que él necesitara de mi ayuda, por supuesto. Roger sabía leer tan bien como yo. Es que sentía la irresistible necesidad de protegerlo.

La maestra vio que yo era como una mamá gallina con mi hermano, por lo que al día siguiente lo puso a él en la primera fila, y a mí en la última, para que no pudiera ayudarlo. Y, jamás lo olvidaré, dijo: «Muy bien, niños, vamos a aprender a deletrear nuestros nombres y a escribirlos en la parte superior del papel». Yo pensaba, *Jameson... ¿puede Roger deletrear «Jameson»?* Miré fijamente a Roger, y él se volvió para mirarme. Entonces susurré: «J», para que me oyera. Él se volteó, lo escribió y volvió a voltear y yo susurré: «A», y así avanzamos hasta que había deletreado nuestro apellido. Pensé en ese momento: *Bien, vamos a estar bien.*

O al menos eso creí hasta que sonó el teléfono esa noche. Era la maestra, y mi madre conversó con ella un rato hasta que la oí decir: «¿Separarlos? Oh, no lo sé. No creo que sea bueno... no los puede separar. Tienen que estar juntos». Para mí, estaba claro por lo que oí a escondidas era que la maestra quería separarnos para que yo no pudiera ayudar a Roger. Iba a cambiar a uno de los dos de clase. Mi madre escuchó un momento y luego dijo: «Bueno, está bien. Pero si los separa tendrá que ponerlo en un aula donde ella pueda verlo, para asegurarse de que esté bien».

Así era mi madre, siempre haciendo lo correcto por nuestra educación pero también asegurándose de que fueran tomadas en cuenta nuestras necesidades. Y de seguro, al día siguiente mandaron a Roger al aula del otro lado del pasillo, y moví mi pupitre de la última fila hacia un lugar que quedaba justo delante de la puerta, donde yo podía levantar la vista y ver a mi hermano para asegurarme de que estuviera bien. Cada diez minutos, lo miraba y esperaba a que él me viera. Entonces, por la expresión de su rostro me daba cuenta de que estaba bien.

Quiero decir con esto que he estado siempre al tanto del lado vulnerable de los varones: son muy abiertos, quieren ser felices, quieren ser amados y quieren llevarse bien. También pueden ser tiernos y hasta inesperadamente indefensos. A veces necesitan recurrir a las mujeres de su vida para encontrar fuerzas. Si uno le da a un hombre un refugio seguro donde mostrar su lado blando y suave, y le hace saber que aún así piensa que él es fuerte, creo que estará brindándole el entorno para una relación perfecta.

Hay que mirar debajo de la superficie para saber quién es en realidad un hombre. Desde el día que conocí a Phillip supe que era una persona llena de amor. Pero hasta el día de hoy, cuando le presento a las personas, muchas veces dicen: «Oh, tu esposo me asusta». Y tengo que admitir que sentí lo mismo en los primeros minutos cuando lo conocí hace treinta y cinco años, pero enseguida vi que era el hombre más adorable. Sin embargo, a causa del modo en que me había criado, siempre pude mirar más allá de lo que muestran muchos hombres, eligiendo verlos como niños a gran escala que solamente quieren que los amemos. Y cuando hacemos esto, no es nada difícil hacerlos felices.

> Por eso elegí traer un espíritu de aceptación a mi relación con Phillip, y acoger las diferencias entre nosotros en lugar de ofrecerles resistencia.

Lo que les hace sentir felicidad es saber que son aceptados. Por eso elegí traer un espíritu de aceptación a mi relación con Phillip, y acoger las diferencias entre nosotros en lugar de ofrecerles resistencia. También creo que a causa de esto no debiéramos juzgar con dureza a nuestros maridos. Tenemos que aceptar la manera de actuar de nuestra pareja porque eso es lo que hace que sea interesante la vida.

Estaré tocando constantemente el tema de la aceptación a lo largo del libro porque es una parte tan importante de lo que hace funcionar a nuestro matrimonio. Ahora sé que el hecho de que Phillip me ame, no quiere decir que deba pensar igual que yo, o actuar como yo, o saber que no se debe usar una toalla de 35 dólares para secar el piso del garaje (o poner a tu esposa en el baúl de tu auto). Ahora sé que una parte importante de mi matrimonio es no querer que mi esposo se parezca más a mí, sino aceptar y en verdad disfrutar el hecho de que no lo sea.

Por otro lado, también aprendí que no por el hecho de haber elegido ser la media naranja, esto signifique que tenga que dejar de ser la persona que Dios diseñó: una esposa amorosa, amable, con identidad propia, que piensa por sí misma y sabe que el matrimonio consiste en algo más que tan sólo mantener impecable una toalla bordada. Después de todo, Phillip pensaba que estaba haciendo lo correcto: darme una toalla linda y limpia donde acostarme.

Capítulo 3

EL CORAZÓN DE UNA HIJA
Elijo mi propio legado

S i tuviera que mencionar una cosa coherente en mí es que siempre me concentré mucho y mantuve muy bien el control de aquellos aspectos de mi vida que podían ser controlados o influenciados. No podemos elegir nuestra constitución genética. Nuestro sexo, talla y raza dependen de nuestro ADN. Sin embargo al mismo tiempo hay mucho en nuestra experiencia en este mundo que sí depende de nosotros, y jamás quise dejar los aspectos que puedan controlarse en manos de otra persona. Desde temprana edad no tuve idea de quién sería la persona en quien pudiera confiar, con quién podría contar. Digo con quién contar en términos de lo que fueran mis mejores intereses, de lo que quisiera y necesitara, para ir tras lo que alentara y protegiera a mis sueños. Cuando uno no sabe dónde estará al día siguiente o si habrá comida suficiente, aprende a mirar hacia adentro con el fin de sobrevivir y encontrar maneras de florecer y crecer. Mi madre fue la mujer más dulce y gentil del mundo. La recuerdo diciendo siempre que para ella era un privilegio ser nuestra mamá. Ese era su espíritu: le encantaba ser mamá, y sé que de ella heredé este aspecto. Georgia Mae Drake Jameson siempre puso como prioridad en su vida a su familia, y se esforzaba al máximo para que tuviéramos ropa limpia, comiéramos tres veces al día y tuviéramos todo el amor posible. Aun así sus mejores esfuerzos no lograban domar el caos de estar casada con un alcohólico. Como resultado, crecí en medio de la incertidumbre. Irónicamente, la razón de tal incertidumbre era también la persona cuyo apasionado amor tuvo un papel principal en la definición de lo que yo era y soy hoy. Esa persona era mi padre, Jim Jameson.

Mi padre me adoraba, y yo a él. Era el hombre más amoroso, generoso y protector, el mejor hombre del mundo. Amaba a cada uno de nosotros sus cinco hijos, y a cada uno nos hacía sentir como si fuéramos su favorito. Así que yo despertaba cada mañana sintiéndome amada, muy amada.

Mi padre estaba loco de amor por mi madre. Ella medía como 1.62m, tenía bellísimos ojos azules y cabello muy oscuro, que tenía corto y bien peinado. Tenía muy lindas piernas y era un tanto rellena. (Claro que después de cinco hijos ¿quién podría culparla?) Sin embargo, se veía bien. Era una mujer muy mujer, y sonreía todo el tiempo.

A pesar de sus defectos, mi padre era muy trabajador. Administraba una concesionaria de autos de lunes a viernes, y pasaba de un lote a otro durante mi infancia. Mis padres siempre conducían autos nuevos, modelos de exhibición que tenían en el negocio para mostrar a los clientes los últimos modelos de fábrica. Nunca fueron dueños de los autos que conducían, pero todos se veían nuevos y brillantes, y a nosotros siempre nos enorgullecía esto.

Mi padre había comprado un pequeño campo de golf donde la gente podía ir a practicar. Era un negocio secundario. Durante la semana, tenía quien lo atendiera, y durante los fines de semana mi padre era el que se encargaba. Nosotros estábamos allí con él a menudo. Mis hermanas, Roger y yo trabajábamos allí en las vacaciones de verano y después de la escuela. Íbamos los sábados y domingos a recoger pelotas de golf, miles de ellas. No recuerdo que me molestara demasiado porque sabíamos que si no lo hacíamos nosotros, mi padre tendría que pagarle a alguien y no había tanto dinero. Los veinte dólares que le habría tenido que pagar a alguien por recoger las pelotas a menudo marcaban la diferencia entre tener comida y no tenerla.

Claro que la razón por la que mi padre no podía afrontar los gastos era porque desperdiciaba sus ganancias en la bebida y las apuestas, y luego ya no quedaba gran cosa para la familia. De esto nunca se hablaba, sin embargo; todos ayudábamos porque así era nuestra vida. Y no nos sentíamos carenciados porque mi padre no nos decía que se había gastado dos semanas de sueldo en su última borrachera. Mi madre tampoco lo mencionaba. Solamente nos decían que teníamos que ayudar en el campo de golf, y nosotros lo hacíamos.

Pero no es que fuéramos ignorantes de lo que pasaba. El hecho de que nunca tuve un vestido comprado en una tienda hasta haber terminado la secundaria no lo había olvidado. Como lo dije anteriormente, mi madre cosía toda mi ropa, es decir, todo lo que no heredaba de mis hermanas. Jamie tenía siete años más que yo, dos años después nació Cindi y Karin, dos años después que Cindi. Para cuando Roger y yo nacimos en 1953, mi madre tenía ya un armario lleno de «ropa antigua» para niñas esperándome para cuando creciera. Roger tuvo suerte; siempre tenía ropa nueva porque era el único varón.

Mi madre cosía de maravillas. Pero había algo que no sabía hacer: jeans. Y para una chica en la escuela secundaria durante la década de los años 70, esto era un problema. Recuerdo haberle preguntado a papá una vez si podía darme diez o quince dólares, no más que eso, para comprarme un par de jeans. Me miró con tristeza porque quería dármelos pero no los tenía. Así que, sí, soñaba con el día en que pudiera comprarme ropa nueva (y créeme, cumplí mi sueño). Por lo general, entonces, vestía lo que mi madre me cosía. Comenzó usando una vieja máquina de coser, de esas a pedal, porque recuerdo lo contenta que estuvo cuando consiguió una eléctrica. Coser era su escape creativo. Le gustaba ir a las tiendas de tela y volver a casa con enormes paquetes de retazos, moldes y cintas, y poner todo sobre la mesa para ver qué tenía y cómo lo usaría. Muy raras veces compraba la tela que le gustaba porque era demasiado caro, así que lo que hacía en cambio era comprar retazos e irlos guardando apilados contra la pared de su cuarto para cuando pudiera usarlos. Y recuerdo que mi padre hacía comentarios sarcásticos acerca de su adicción a las telas. También recuerdo haber pensado: *Mira quién habla, por lo menos su adicción la mantiene en casa por las noches.* (No lo decía, pero lo pensaba, claro.)

Lo más impactante de mi infancia era esa sensación de sentirme muy amada pero muy incierta al mismo tiempo. Estoy segura de que eso fue lo que me hizo querer tener el control de mi vida. No es inusual que los hijos de alcohólicos quieran tener el control de sus vidas, porque de pequeños escasamente lo tuvieron. Sin embargo, lo que hace que mi historia sea distinta a la de tantas otras que he oído es que aunque el vicio de mi padre me lastimaba, aún pienso en él con gran amor y devoción.

Habrán pasado ya unos cuarenta años o más, pero siempre recuerdo ese día cuando pienso en mi padre. Yo actuaba en una obra de la escuela, y sabía que vendría a verme. Estaba muy entusiasmada. Corrí a la puerta de su habitación y le dije: «Papito, hoy ponte el suéter rojo».

Y papá dijo: «Bien, amor», como me llamaba siempre. «Lo haré». Siempre recuerdo ese momento en que abrí la puerta de su cuarto y lo vi allí, con el entusiasmo pintado en el rostro al verme. Él creía que yo era graciosa, y yo lo hacía reír. A cambio, él me hacía sentir que tenía importancia, como si el pedido de llevar su suéter rojo fuera razón suficiente como para que lo usara. Siempre me sentí feliz y amada junto a mi padre. No importaba qué hiciéramos. Quería estar conectada a él y estar a su lado todo el tiempo. Después de que murió tomé ese suéter, lo doblé y guardé en papel de seda y lo puse en mi armario para que en esos días en que lo extrañaba más, pudiera sostenerlo contra mi mejilla para volver a recordar lo especial que él me hacía sentir.

Sólo puedo recordar una vez en que se enojó conmigo. Habré tenido unos cinco o seis años, y él me pidió que fuera al porche del frente para ayudarle a cambiar una bombilla eléctrica. En esa época yo era muy inquieta. Nunca me quedaba sentada. Cuando estábamos en la mesa del comedor, mi padre decía: «Robin, ahora tendrás que quedarte quietita para que podamos comer». Yo estaba jugando ese día, y se me atracó el dedo entre un par de tablas de la silla. Tenía el brazo detrás de la espalda, y mi papá me dijo: «Robin, amor, tendrás que estar quietita ahora y poner tus manos sobre la falda». Y yo respondí: «No puedo, papito, porque tengo el dedo atascado en el respaldo de la silla». Mi padre comenzó a reír con tantas ganas que creí que se levantaría para dejar la mesa.

De manera que en esa ocasión salimos al porche y me dijo: «¿Crees que podrías estarte quieta un momento sosteniendo esta bombilla nueva mientras yo saco la vieja?» Y yo dije:

—Sí, claro que puedo, papá.

Pero por supuesto, la dejé caer, se hizo añicos, y los pedacitos de vidrio salieron volando por todos lados.

Oh, Dios mío... la expresión de su rostro.

Fue la única vez en toda mi vida que recuerdo que mi padre se enojara conmigo. Él simplemente me miró fijamente y dijo:

—¡Oh, no puedo creer que hayas hecho eso! Te pregunté: «¿podrías estarte quieta?» No tenemos otra bombilla ¿Qué haremos ahora?

Cuando pienso en esto veo que fue un momento importante en mi vida. Porque aunque estaba molesto conmigo, sabía que no lo estaría por mucho tiempo.

Y claro que así fue. En unos cinco minutos, estaba yo de nuevo entre sus brazos, y me había perdonado porque lo único que tenía que hacer era decir: «Oh, papito, lo siento» y su corazón se derritiría. Sabía que me amaba tanto que no podría seguir enojado. Ese era el lado bueno de mi padre.

Había otro lado también, un lado que tenía que ver con la bebida, con sus ausencias y con nuestra incertidumbre acerca de dónde estaba, o con quién, o qué estaba haciendo. No parecía hacer juego con el resto de su personalidad, sin embargo así era. Y lo que me hacía sentir falta de control era que jamás vi esa parte de él. Lo que sí veíamos era el resultado de su borrachera, y el modo en que afectaba a mi madre. Y de vez en cuando, veíamos a mamá como la heroína que en verdad era.

Uno de estos episodios permanece en mi memoria con total claridad. Serían las tres de la madrugada cuando comenzó el alboroto. Yo tenía catorce años, y estaba muy dormida, pero los golpes me despertaron de repente, y me fui a rastras hacia el pasillo delantero.

Mi habitación estaba en la parte trasera, así que los golpes no se oían tan fuertes como en el cuarto de mi madre, que estaba a la izquierda de la puerta delantera. Allí la encontré, tensa, lista para la batalla, con la mano derecha en la perilla redonda de bronce de la puerta y con la izquierda en la cadena, para cerciorarse que estaba segura.

«Quédate ahí», dijo, moviendo la barbilla hacia la cocina que estaba detrás mío. «Yo me encargo de esto». Quería estar con ella, pero sabía que eso no era lo mejor. Cuando mamá decía quédate ahí, uno se quedaba ahí. Abrí la boca para llamar a mi hermano, cuyo cuarto estaba más adelante, junto al pasillo, pero cambié de idea. Roger tenía el sueño pesado y yo no quería gritar porque si lo hacía, quien estuviese del otro lado de la puerta sabría que estábamos allí esperándolo con miedo.

Papá no estaba en casa. No lo habíamos visto en los últimos dos días, desde que se había ido a jugar al golf. Él hacía esto muchas veces cuando éramos menores. Se levantaba temprano el domingo, anunciaba que se iba a la pequeña cancha de práctica de golf y que de ahí pasaría al campo de golf a jugar un rato, y luego se iba al auto cargando su bolsa de palos en el hombro. Mamá y todos nosotros, pasábamos el día sin él, mirando por la ventana cada vez que oíamos un motor de Chevy que sonara como el suyo. Mientras crecía recuerdo que iba al trabajo y al club de golf los domingos, y que no sabíamos si vendría a almorzar, a cenar o a dormir siquiera. Cenábamos sin él, limpiábamos la cocina y luego veíamos el programa de *Ed Sullivan*, sin él. Me iba a dormir esperando que llegara, por mi madre aunque no fuera por mí. Despertaba una hora después para ver si quizá había ido solo a jugar a las cartas en algún lugar, y que había llegado a casa tarde. Entraba en silencio al cuarto de mis padres, espiaba y veía que mamá estaba leyendo una revista o planchando sus camisas. Entonces me daba cuenta de que papá no había vuelto. A la mañana siguiente le preguntaba si papá había regresado y mamá decía: «No, no volvió», casi sin mirarme. No decíamos nada más. Terminaba mi desayuno y me iba a la escuela. Y la vida seguía aunque papá no estuviera en casa. Pasaban días y no lo veíamos.

Todo eso pasó por mi mente mientras estaba allí en el corredor, en pijama y esperando para ver qué haría mi madre. La puerta se sacudió nuevamente con un golpe de algo duro, como un puño o una lata de cerveza o un bate de béisbol. Y se oyeron roncos rugidos de hombres. Sabía que papá había estado bebiendo porque no había estado en casa desde hacía dos días. De ninguna manera iba él a aparecerse y rescatarnos.

Mamá se ajustó el cinturón de la bata y vi algo en su espalda que me indicó que se disponía más a pelear que a acobardarse. Me retiré a la cocina y la vi voltear la manija, abrir la puerta, y mirar por la apertura durante lo que me pareció una eternidad.

«¿Quién es? ¿Qué quiere?», gritó con voz aguda y clara.

«Queremos lo nuestro», dijo una voz grave y ronca, borracha. El hombre sería robusto, pero estaba muy ebrio. «Queremos nuestras cosas y no nos iremos sin ellas». Me incliné a la izquierda y me asomé. En la oscuridad pude ver varios pares de piernas y las colas de trajes de gala. La cabeza de mi madre me impedía ver el resto.

«¿Sus cosas?» dijo mamá. «¿De qué habla?» Un par de piernas se acercó a la puerta, que mi madre mantenía trabada con su rodilla.

«Hablo de lo que es nuestro, lo que ganamos», dijo el hombre.

«¿Qué ganaron? ¿A qué se refiere? ¿Dónde está Jim?»

«Él nos envió. Apostó sus muebles en una partida de cartas. Perdió y no nos iremos sin lo que ganamos». El hombre retrocedió. Era el más grandote del grupo; uno de los otros era bien delgado, pero ninguno se veía demasiado firme sobre sus piernas. Pero eran tres, y el más grande tenía botas. Si pateaba la puerta, la rompería y hubieran entrado. El más flaco se acercó tímidamente.

«Mire, señora», dijo. «Lo ganamos, en un juego justo. Jim lo apostó y nos mandó acá, así que hágase a un lado y dénos lo nuestro».

Me quedé asombrada. Mi padre, ese papá amoroso que tanto me cuidaba y adoraba, no iba a salvarme de estos tipos. Y los conocía, se sentaba a la mesa con ellos, bebía con ellos, jugaba a las cartas con ellos y había apostado nuestros muebles en un juego de póker. Mi dulce y querido padre les había dado nuestra dirección, enviándolos a casa y dejando que mamá, en su bata de dormir de felpa color crema nos defendiera mientras estos hombres reclamaban mi cama, donde yo había dormido desde que tenía tres años.

Fue uno de esos momentos que uno no olvida jamás. Una impactante dosis de claridad que borra la infancia y nos pega de lleno con la realidad de la vida. Hace estremecer al alma porque por primera vez, somos testigos de la verdad. Si había estado al borde de la madurez como mujer, este momento me dio el empujón que me hizo cruzar al otro lado, porque fue entonces que me di cuenta que papá era un borracho empedernido.

Es que papá no era un borracho malo, como podrían llamarlo algunos. Durante años y años, jamás lo vimos ebrio. Era el tipo de alcohólico que se mantenía lejos de casa cuando bebía y que volvía sólo cuando estaba sobrio. Jamás lo vimos descuidado, bullicioso o de mal genio. él sencillamente bebía, pero que lo hacía lejos de casa. Mientras crecíamos y ya no nos acostábamos tan temprano, a veces llegaba cuando todavía estábamos despiertos. Creo que fue al término de la primaria que lo vi borracho por primera vez. Y me pareció gracioso. Nos entretenía contando historias acerca de la cancha de golf, o nos mostraba de manera bien lenta y deliberada cómo había ubicado la pelota, cómo había levantado el palo, cómo le había pegado haciéndola caer en el charco o en la trampa de arena. Estaba lo suficientemente ebrio como para verse ridículo al hacer la pantomima de preparar el tiro con la pelota de golf. También era dulce, tonto, gracioso, y nos hacía reír.

Estos tipos, sin embargo, no tenían nada de graciosos. Gritaban y tenían una actitud beligerante, gruñían y decían que querían lo suyo, todo el tiempo acercándose a la puerta, asegurada con una cadena débil y nada más. No había puerta de seguridad, ni puerta contra tormentas. Solamente teníamos esa vieja puerta de madera que abríamos y cerrábamos mil veces al día, sin ver lo frágil que era. Yo estaba ahora detrás de mi madre junto con Roger, que se había levantado al oír los gritos. Con los ojos desorbitados, sus pijamas y la expresión de no entender nada, permanecimos acurrucados detrás de mamá, que era una columna de 1.62 m, cubierta con una bata de felpa, pero con actitud desafiante.

«Ahora, escuchen», dijo. «No entrarán a mi casa. No me importa qué derecho crean que tienen, no entrarán. ¿Quieren sus cosas? Bueno, entonces que sus esposas me llamen por la mañana y haremos los arreglos. Díganles que me llamen y les diré cuándo y cómo pueden venir a buscar sus cosas». La palabra cosas, sonó burlona, en un tono de voz que jamás había oído de mi madre. Y no se movió ni un centímetro. Los miró por la rendija de la puerta, manteniendo su posición. Luego cerró la puerta empujándola con el hombro y la rodilla. Apagó la luz del porche y se volvió hacia nosotros.

«Vayan a la cama, ahora», nos dijo. «Nadie entrará y no hay por qué temer».

Tenía la mirada firme y su voz sonaba como el acero.

«Vuelvan a dormir. Todo estará bien. Hablaré con las mujeres por la mañana. No se llevarán ni un mueble, ¿entendieron? Ni una sola perilla de ningún cajón. Nada. Ahora, vayan a dormir».

Recuerdo haberme metido en su cama, ella sollozando y yo llorando por un rato. Pero aunque esa noche había sido traumática, dormí sabiendo que aunque cien tipos hubiesen estado allí, mamá jamás los hubiera dejado pasar. Por terrible y amenazante que fuera la experiencia, sentía una verdadera paz al saber que por mucho que acecharan, mamá no iba a dejar que nadie entrara, y que por mucho que nos amenazaran, mi mamá no iba a dejar que nada malo nos sucediera.

Aprendí muchas cosas esa noche. Entre otras, a proteger a mis hijos, mi hogar y mi familia cuando los tuviera, con todo mi ser como lo había hecho mi madre. Mamá jamás permitiría que nadie invadiera el santuario que era nuestro hogar y nuestras vidas. Ese era su territorio, su reino de tres cuartos y dos baños, el esfuerzo de su vida, y lo defendía con tal ferocidad que sobrecogió mi corazón. Mamá tenía una combinación de peleador callejero y confianza de reina. Y me mostró lo que era el coraje de verdad.

> Mamá jamás permitiría que nadie invadiera el santuario que era nuestro hogar y nuestras vidas. Ese era su territorio, su reino de tres cuartos y dos baños, el esfuerzo de su vida, y lo defendía con tal ferocidad que sobrecogió mi corazón.

Cuando recuerdo a esa preciosa y menuda mujer, parada junto a la puerta diciéndoles a esos bravucones borrachos: *no van a entrar en mi casa, no me importa qué derecho crean que tienen, no entrarán,* todavía siento admiración por la gracia y dignidad que mostró mi madre ante lo que para mí, con catorce años, parecía el fin de la vida tal como la conocía. ¡Qué mujer tan brillante! Fue una movida de genialidad, que invocó su inalienable derecho de mujer de apartarse de la ruda compañía de hombres, para tratar con sus sobrias esposas. ¿Qué iban a hacer los tipos? ¿Qué tipo de bruto jugaría al póker con otro, venciéndolo y luego interferir con la esposa y madre de sus hijos, tratando de entrar por la fuerza a su casa?

Cuando les conté esta historia a la madre y las hermanas de Phillip, me miraron con los ojos bien abiertos e incrédulas. Y cuando describí a los bravucones que querían entrar, preguntaron: «¿Qué dijo tu madre? ¿Qué *hizo*?» Todas querían saberlo. Entonces les conté cómo había desarmado a estos hombres convirtiendo el tema de la deuda en tema de mujeres. Tuvo el mismo efecto de esa escena del *Mago de Oz* en la que Glinda la Bruja Buena le dijo a Dorothy que ella siempre había tenido el poder de regresar a casa. La conciencia femenina de mamá fue siempre su zapatilla de rubíes. Sabía que no podría vencer a los tipos en su terreno, así que rompió sus reglas y creó las propias. Fue una de las estrategias más antiguas en la humanidad, usada por una mujer que se adelantó a su época. Aún entonces, mamá comprendía que la hermandad entre mujeres era más fuerte que un trío de vaqueros borrachos que intentan probar su hombría llevándose los muebles del cuarto de una adolescente. Sabía que, a la sobria luz de la mañana, no habrían muchas esposas dispuestas a conspirar con sus ebrios maridos para quitarle los muebles a otra mujer, póker de por medio o no.

A la mañana siguiente no se habló del tema. Así funcionaba nuestra familia (o, para usar el término correcto, así «disfuncionaba»). Mamá sonrió y nos preguntó a Roger y a mí qué queríamos para desayunar, y ni por un momento actuó como si la mesa de fórmica sobre la que apoyábamos los platos fuera a desaparecer a la hora del almuerzo. Pero luego sonó el teléfono, y podía darme cuenta por el modo en que mamá sostenía el auricular con las dos manos, que era una de las esposas de los tipos. Ya se me había hecho tarde para la escuela, pero me quedé en la cocina, pegada al piso de linóleo, observando cómo mamá se enredaba en el cable del teléfono mientras decía: «Está bien, gracias. Sabía que lo entenderías», una y otra vez, hasta darme cuenta de que la mujer se estaba disculpando por la conducta de su marido y que le decía a mamá que nunca en su vida se le ocurriría quitarnos los muebles. Mamá entonces colgó y comenzó a llorar porque había hablado con otra mujer, y esta mujer había entendido. Una de las leyes de la vida de Phillip, es que uno o lo entiende o no. Esta mujer sí lo entendía. Dijo que no le hacían falta nuestros muebles, pero aunque si así fuera, no me podía imaginarla quitándole el sofá a mamá porque su esposo y sus compinches habían bebido demás ganando una ronda de póker a otro más borracho que ellos todavía.

Tampoco pude imaginar en ese momento cómo papá bebería, apostaría y dejaría que nos quitaran los muebles, sin siquiera dignarse a llamar a mamá para avisarle: «Oh, a propósito, estoy completamente borracho, perdí todos los muebles, y mis compadres van a ir a recogerlos». Ni siquiera tuvo la decencia de preparar a mamá para cuando aparecieran esos tres borrachos a golpear la puerta como maleantes. Recuerdo haber ido a la escuela esa mañana preguntándome si para cuando regresara a casa encontraría la sala, el comedor y los dormitorios vacíos, y si tendríamos que dormir en el piso el resto de nuestras vidas. Porque por lo que sabía, mamá había hablado solamente con una de esas esposas. Quizá las otras dos no fueran tan misericordiosas. Nunca me enteré de si habían llamado o no. Pero cuando llegué a casa de la escuela ese día, los muebles estaban todavía allí, y nunca los perdimos. Tampoco volvimos a hablar de lo que sucedió esa noche.

Han pasado cuarenta años, pero el recuerdo sigue vivo en mi memoria como una pesadilla reciente. Fue una de esas experiencias de aprendizaje que son tan dolorosas, que te hacen preguntar si sobrevivirás. Entonces, cuando ha pasado, uno mira a su alrededor a los escombros de lo que solía ser tu mundo y se pregunta: *Fue duro, y desearía que no hubiese sucedido. Pero sucedió y sobreviví. Ahora, ¿Qué aprendí de todo esto? ¿Cómo puedo usar este lío para mejorar?*

Lo que saqué de los escombros de esa noche fue el conocimiento de que mis padres eran sólo humanos y por lo tanto, falibles, y que pensar como pensaban ellos e imitar sus acciones sería vivir sus vidas y no la mía.

Lo que aprendí fue que la vida es complicada y que el amor no lo conquista todo. Aprendí que aunque papá me amaba no era lo suficientemente fuerte como para salvarme de su enfermedad. Y también que aunque lo adoraba habían aspectos de él que me disgustaban intensamente. Aprendí que admiraba a la ferocidad de mi madre esa noche y que algún día yo protegería a mis propios hijos como ella nos había protegido a nosotros. Pero también aprendí que al negarse a reconocer el alcoholismo de mi padre, las cosas se habían vuelto en su contra y que su estrategia de fingir que no pasaba nada no funcionaría conmigo.

Lo que saqué de los escombros de esa noche fue el conocimiento de que mis padres eran sólo humanos y por lo tanto, falibles, y que pensar como pensaban ellos e imitar sus acciones sería vivir sus vidas y no la mía. Entonces supe que para vivir mi propia vida, tendría que elegir entre los muchos ejemplos que me daban mis padres y decidir qué cosas imitar y cuáles desechar. No detestaba a mis padres por la vida que teníamos, ni siquiera por las partes malas o las que asustan. Pero también sabía que jamás iba a permitir que esas pesadillas formaran parte de la vida de mi propia familia y supe con todo mi corazón que mis hijos jamás tendrían que estar tras la puerta mientras unos borrachos la golpeaban porque los había enviado un padre borracho. Decidí acoger aquellas partes del legado de mis padres que eran sanas y buenas y rechazar categóricamente el resto.

De hecho, eso es lo que cada una de nosotras debe hacer si queremos ser de veras independientes, verdaderamente nosotras, llevando nuestra vida a un nivel más alto. Y contrariamente a lo que promete nuestra cultura de satisfacciones inmediatas, esto no sucede de la noche a la mañana.

Me llevó años resolver mis sentimientos hacia mis padres, en especial lo que sentía por mi padre. Cuando era pequeña sentía gran satisfacción cuando lograba hacerlo reír. Ahora veo que lo que me hacía sentir bien durante esos segundos en que me sonreía era que veía alegría en sus ojos, sabiendo que la producía yo. Sabía que su alcoholismo era una carga para nuestra familia y también para él pero mi madre siempre dijo que era una enfermedad. Y cuando papá aparecía después de haberse ausentado durante tres días, con la ropa arrugada y sucia y sin haberse afeitado, mamá apartaba la mirada y susurraba: «No puede evitarlo».

De manera que crecí pensando que nada podía hacer mi padre por solucionar esta enfermedad, que era algo que lo tenía atrapado, y que si hubiera podido hacer algo, lo habría hecho. Me imaginaba que era algo como la varicela o el cáncer, algo que te atacaba, que te invadía, y que sencillamente tenías que soportar. Así es cómo veía yo todos sus hábitos destructivos: el tabaco, la bebida, el juego. Y pensaba que todo se debía a esta enfermedad que tenía, la que no podía evitar. No se me ocurría que él pudiera hacer algo para contrarrestarla o debilitarla usando su voluntad.

No fue sino hasta que fui un poco mayor que me di cuenta que mi padre podía elegir, que tenía la capacidad de decidir que no iba a permitir que esta enfermedad controlara su vida. Al principio sentí tristeza al ver que no hacía nada por vencer a sus demonios. Luego me causó dolor el hecho de que les haya permitido aterrorizar nuestras vidas. Lo que finalmente pensé era que mi padre no era totalmente una víctima y que tenía cierta responsabilidad por renunciar al control sobre su vida. Fue impactante como revelación y dio forma al modo en que decidí vivir mi propia vida. Hoy honro el recuerdo de mi padre al no permitir que nada controle mi vida a menos que sea algo que yo quiera en mi vida.

> Lo que finalmente pensé era que mi padre no era totalmente una víctima y que tenía cierta responsabilidad por renunciar al control sobre su vida. Fue impactante como revelación y dio forma al modo en que decidí vivir mi propia vida. Hoy honro el recuerdo de mi padre al no permitir que nada controle mi vida a menos que sea algo que yo quiera en mi vida.

A esto me refería antes cuando hablé de dedicar mi vida a deshacer el legado de duda, miedo y dolor que acompañaba el gran amor de mi padre por nosotros. Papá me enseñó lo bien que se sentía uno al ser realmente amado, y me prometí que cuando tuviera hijos ellos también se sentirían amados de verdad. Pero también me prometí criar a mis hijos sin la terrible incertidumbre con la que crecí. Me prometí que los hijos que trajera a este mundo crecerían no solamente sintiéndose amados, sino apoyados y respaldados por un consistente nivel de certeza que yo no conocí en mi infancia.

Y estoy feliz de poder decir que cumplí esa promesa, y pude cumplirla por la gracia de Dios y el don del libre albedrío. Cumplí esta promesa para con mis hijos al decidir no casarme con un hombre que bebiera o apostara. Y el hecho de que el padre de mis hijos no beba ni apueste no es una cuestión del azar, sino de decisión. No es por accidente que Phillip representa los valores que yo quería para el padre de mis hijos. La única razón por la que es el padre de mis hijos es *porque* él representa esos valores y ya los representaba cuando estábamos de novios. Por eso lo elegí y por eso quería que él me eligiera a mí. Estoy segura de que él tenía parámetros similares, con los que yo cumplía también.

Y sigo insistiendo en este asunto de tomar decisiones y elegir, porque conozco a mucha gente que no se da cuenta de que tienen derecho a elegir cómo vivir, gente que sería mucho más feliz si tan solo examinara la conexión entre lo que hacen y el resultado en sus vidas. Piensan que sus vidas están predeterminadas, que las cosas siempre serán menos de lo que esperan porque así tiene que ser. Me dicen que yo soy distinta, que tengo tanta suerte, que tengo la vida perfecta, el matrimonio perfecto, los hijos perfectos, y la casa perfecta.

Bueno, ¿adivina qué? No hay nada perfecto. Yo no soy perfecta, mi matrimonio no es perfecto, tampoco Phillip, ni los hijos, ni la casa (aunque hay una habitación que casi lo es). Cuando parece como si la gente está teniendo cosas fabulosas de su lado, es porque va bien con *ellos,* y porque se esforzaron para que así fuera. Y en cuanto a la suerte, olvídalo. No tiene que ver con la suerte, sino con descubrir qué quieres y lograr que así sea. Y tiene que ver con la sinceridad, contigo mismo y con quienes son importantes para ti, cuando las cosas no son exactamente de la manera que quieres que sean. Porque barrer lo desagradable y esconderlo bajo la alfombra, y negarse a hablar de ello como hacía mi madre, no es un camino viable hacia la felicidad.

Y esta es una de las razones por las que nuestro matrimonio funciona tan bien: porque hablamos. Siempre lo hicimos. Antes de casarnos hablamos de lo que esperábamos el uno del otro, y lo que podíamos o no podíamos soportar. Y aunque Phillip se sentía muy feliz de conversar de estas cosas, era yo la que iniciaba las conversaciones. Si este hombre iba a pasar conmigo el resto de su vida, supongo que debería saber en qué se estaba metiendo.

Recuerdo haberle dicho a Phillip cuando lo conocí (su padre, dicho sea de paso, también era alcohólico) que habían cosas buenas y malas de mi padre y que iba a dejar ir las malas para acoger solamente las buenas. Le dije algo que mi padre a menudo le decía a mi hermano:

«Hay que respetar a las mujeres. Hay que tratarlas con dignidad. Somos los únicos dos hombres de la casa, con cinco mujeres y es nuestra obligación protegerlas, cuidarlas y siempre tratarlas con respeto. No digas malas palabras cuando estés cerca de ellas, y no andes sin camisa por la casa si están allí. Adora a estas mujeres y respétalas». Oía decir esto a mi padre todo el tiempo.

También le dije a Phillip, casi desde el primer día que lo conocí: «Tienes que saber desde ahora mismo que no puedo vivir con un hombre que bebe, y no puedo vivir con un hombre que apuesta, y que no viviré con quien no me trate con dignidad y respeto por lo que soy. No me gustan las malas palabras, y nunca podré ni estaré dispuesta a soportar ese tipo de lenguaje. Hay cosas que no soporto, y hay cosas sin las cuales no puedo vivir». Estas palabras provinieron como resultado directo de haber sido criado por dos padres amorosos, humanos y con defectos, cuyas decisiones había identificado que eran de ellos, pero no mías.

Y esta es una de las razones por las que nuestro matrimonio funciona tan bien: porque hablamos. Siempre lo hicimos. Antes de casarnos hablamos de lo que esperábamos el uno del otro, y lo que podíamos o no podíamos soportar.

A diferencia de mis padres, que nunca (o supongo que pocas veces) hablaban de la dinámica de su matrimonio, Phillip y yo conversamos y negociamos durante años sobre lo que queríamos el uno del otro y cómo queríamos que fuera nuestro matrimonio. Nos sentábamos y decíamos: «Esto es lo que tengo que tener, y esto es lo que no voy a tolerar». Phillip me escuchó, y se ha esforzado cada día, y en serio digo que cada día, en tratarme como yo quiero y necesito que me traten. Si ves su programa de televisión, le habrás oído decir que nosotros enseñamos a los demás a que nos traten, y de seguro, yo le enseñé exactamente cómo quería que me tratara. Y él ha sido un alumno sobresaliente.

También es un maestro de experiencia porque resulta que yo también tuve que aprender un par de cosas.

Mientras crecía, cuando mi padre decía algo que no me gustaba, ponía mala cara y así generalmente lograba lo que quería. Me ponía de mal humor, o me retraía y no lo miraba, y como él detestaba eso cedía y yo obtenía lo que quería. Esto me funcionaba muy bien, y lo guardaba en mi colección de técnicas relacionales. Luego, años más tarde cuando estábamos de novios, un día Phillip dijo algo que no me gustó. No recuerdo qué fue, pero sí que me molestó. Me quedé callada, pensativa. Quizá hasta hice un pico con mi labio inferior. Durante un tiempo, quizá un par de días, mantuve esta actitud, cuando Phillip me sentó y me dijo:

«Tendrás que saber desde ahora», dijo él, «que no voy a soportar tus caprichos. Si hice algo que no te gusta, sólo dímelo. Porque cuando te pregunto qué pasa y dices 'Nada', yo digo 'No, de veras, es obvio que algo está pasando, ¿qué te molesta?' y sigues diciendo 'Nada, nada'. Te digo que eso no funciona conmigo».

«Robin», dijo entonces «si hago algo que te molesta, quiero que me prometas dos cosas. Una, que te digas a ti misma que no lo hice a propósito, porque te digo en este momento: jamás, jamás haré nada que sepa que pueda lastimarte. Y si lo hago es porque no sabía que lo que iba a decir o hacer te molestaría. Así que prométeme que te dirás 'Él no sabía que eso me molestaría'. Y en segundo lugar prométeme que me dirás qué hice porque si me lo dices, puedo decirte desde ahora que nunca volveré a hacerlo».

Sonaba bien, por lo que dije que estaba de acuerdo y que hiciera lo mismo conmigo. Pero jamás había hecho algo así antes, y me llevó tiempo reunir coraje para decirle la verdad. Finalmente dije:

«Bueno, está bien. El otro día dijiste algo que hirió mis sentimientos». Y él respondió:

«Lo siento. No volveré a decir eso nunca más».

Pero ¿y si él no me hubiera dicho todo eso? ¿Si me hubiese dicho que no lo tomara a pecho, que aprendiera a sobreponerme a mi dolor? ¿Y si me hubiese dicho que me amaba pero que no podía prometerme que jamás saldría la noche entera para ir a beber, y que jamás apostaría a las carreras de caballos?

Lo hubiera dejado. Claro que sí.

Porque por mucho que amemos a nuestros hombres, hay algo que debemos amar más aún: *a nosotras mismas*. Solamente nosotras sabemos qué necesitamos para sobrevivir, para florecer y el soportar y amarrarnos con alguien que trae caos a nuestras vidas no es la respuesta. Podemos sentirnos dignas, podemos sentir que merecemos lealtad.

Merecemos que nuestros hombres digan: «Sí, eres la persona más importante en mi vida».

Y aunque quería casarme con Phillip, el asunto no era que me aferrara a él a toda costa. Era que me aferrara a mí misma. Siempre quise ser la parte más importante en la vida de mi esposo, fuera quien fuera este. Si no era Phillip McGraw, sería otro. Pero no importa quién fuera, nada ni nadie sería más importante que yo en su vida. Mi madre y mi padre estaban locamente enamorados, y yo sabía lo bueno que era eso. El hecho de que mi padre fuese alcohólico no cambiaba sus sentimientos hacia mi madre. Para él ella era la mujer más linda, la más dulce en todo el mundo. Y me gustaba eso, por lo que elegí traer esta parte de mi padre a mi vida, decidiendo que haría que mi esposo sintiera lo mismo por mí.

También traje a mi vida muchas cosas de mi madre. Mamá era muy conversadora (yo también) y se reía por todo. Vivíamos con las monedas contadas, pero su actitud, cuando sus hijos estábamos con ella, era la de una Navidad continua, todo el año. Leía libros de cocina como si fueran novelas, y los domingos buscaba recetas nuevas en el periódico. Siempre trataba de aprender recetas nuevas. Y no hablo de comida congelada, sino de comida casera, que llenaba el hogar con el aroma del calor, el bienestar y el amor. Pastel de carne. Pollo frito. Guisos.

Le encantaba hacer postres y era muy buena pastelera. Y no importa cuán poco dinero hubiera, siempre había un postre nuevo para nosotros. Era una de las muchas formas en que nos mostraba su amor.

Mi preferida era el pastel de terciopelo rojo. Lo preparaba parte por parte, tanto el pastel en sí como la cobertura, y siempre el día de nuestros cumpleaños podíamos elegir qué pastel queríamos. Ella lo preparaba todo en su diminuta cocina de cuatro hornillas a gas, un fregadero despostillado y casi sin espacio en el mostrador. Cada vez que oigo decir a alguien que cocinaría más si tuviera un mostrador más grande (preferentemente de granito) pienso en mi madre, sonriendo mientras amasaba cosas exquisitas en la mesa de fórmica. Y esto me hace sonreír también.

Jamás olvidaré su parte valiente, de acero, porque también la heredé. La fuerza que tuvo que haber sacado para hacer frente a esos borrachos esa noche, es la misma fuerza que usaba para mantener la familia unida todas esas veces en que papá perdía en las apuestas el dinero de la renta y la comida. No es fácil amar a un bebedor, pero ella ponía todo su corazón en su tarea y nos mantenía a salvo, protegidos y bien alimentados, estuviera él o no. Tenía hijos que proteger y hacía todo lo posible por preservar la ilusión de que nuestro hogar era como cualquier otro y que todo estaba bien.

Hasta que un día, años más tarde, cuando ya todos habíamos crecido y no vivíamos más con nuestros padres, lo miró y dijo: «Se acabó. Ya no viviré de este modo», y presentó la solicitud de divorcio.

Todos quedamos conmocionados y atónitos al mismo tiempo.

Me impactó, pero me sentí tan orgullosa de ella, tan orgullosa. Sentía pena por mi padre porque él la amaba y la necesitaba tanto que sabía que estaría devastado. Pero mamá se puso firme. Dijo que no viviría un día más con un alcohólico y eso fue ley. Recuerdo que me dijo: «Robin, amo a tu padre pero tengo derecho a vivir sin el alcoholismo. Y si esto es lo que hace falta para que deje de beber, entonces lo haré». No es que lo estaba abandonando, sino más bien estaba rehusándose a vivir con su adicción. Dejó la puerta abierta para que si en caso dejaba de beber, ella regresaría. Uno podría decir que en realidad lo hizo por ambos, pero el caso es que lo hizo. Presentó los papeles, empacó su maleta y se fue a vivir con mi hermana durante un tiempo.

Pasó una semana y sonó el teléfono. Yo tenía casi veinticinco años y había estado casada ya un tiempo. Vivía cerca de la casa de mis padres. El del teléfono era papá, y por el sonido de su voz pude ver que intentaba quitarse la resaca de una tremenda borrachera. Me dijo que estaba en casa y me pidió si por favor le llevaba algo para comer. Recuerdo haber mirado fijamente al cable que conectaba la base del teléfono con el auricular que estaba en mi oído, como tratando de enfocarme en algo sólido y real mientras se desvanecía mi última ilusión de la infancia. Nunca antes me había hecho encarar la verdad. Era como si me estuviera diciendo: «Robin, amorcito, tendrás que quedarte quietita aquí para que podamos cenar. Lo único es que estoy demasiado ebrio como para hacer algo por mí mismo, así que necesito que me traigas algo de comer».

Mamá había sido la que siempre lo ayudaba, le servía la comida, limpiaba todo y le ayudaba a que se le quitara la borrachera. Pero mamá estaba viviendo con mi hermana y probablemente esta era la primera vez que estaba tratando de ponerse sobrio por su cuenta. Sonaba tan débil, y daba tanta pena, yo sentí lástima y frustración hacia él al mismo tiempo. Estaba allí, había causado que mi madre dejase el hogar porque él no lograba apartarse de la botella todos estos años, y ni siquiera tenía las agallas de tomar el control de su vida. Pero entonces mi corazón comenzó a compungirse al darme cuenta de lo difícil que tuvo que haber sido para él la decisión de llamarme, a su adorable hija, que solía admirarlo, y reconocer que estaba demasiado borracho como para cuidarse a sí mismo.

No sabía qué sentir. Estaba desilusionada porque estaba demasiado débil como para estar sobrio y recuperar a mi madre. Enojada porque parecía importarle más el whisky que su esposa. También sentí resentimiento porque me estaba poniendo en el lugar de mamá, esperando que me convirtiera en la encargada de cuidarlo cuando era demasiado irresponsable como para cuidarse él mismo. Luego, el enojo fue desapareciendo y lo imaginé solo en casa, desvalido, y sentí que se me partía el corazón. Este pobre y patético hombre que estaba haciéndose viejo era mi querido papá. Ese encantador hombre, tan juvenil cuyo afecto constante me había hecho sentir amada, hermosa, durante toda mi vida. ¿Cómo podía abandonarlo?

Miré a Phillip y él vio la confusión en mi mirada. Me dijo:

«Robin, necesitas hacer esto por él. No es momento de ponerse firme. Ahora hay que alimentarlo para que no muera de hambre».

Preparé su plato favorito, se lo llevé en una bandeja que dejé delante de la puerta principal, toqué el timbre y me fui. Fui lo suficientemente compasiva como para no permitir que tuviera que presentarse ante mí en ese estado, y lo suficientemente respetuosa de mí misma como para tener que verlo así.

Finalmente papá se inscribió en el programa de Alcohólicos Anónimos, para que mi madre volviera a vivir con él. Una vez sobrio y habiéndola convencido de que así se mantendría, mamá retiró la solicitud de divorcio. Mi madre vivió solamente seis años más, pero siento verdadera paz al saber que vivió los últimos años de su vida feliz con su esposo, porque él nunca volvió a tocar una sola copa.

> No importa lo amorosa, gentil o buena que seas. Cuando el alcoholismo controla tu vida, la bondad, la amabilidad y el amor no ayudan.

Mientras escribo esto y revivo esos días, siento la tentación de imaginar cómo habrían sido las cosas si yo hubiera repetido el patrón de las vidas de mis padres. Pero cuando intento imaginar a Jordan o Jay teniendo que venir para ocuparse de su madre borracha, la escena se oscurece porque es demasiado obscena para mí. No puedo imaginarlo porque no lo permitiré. Jamás sucederá. Punto final.

Este es mi legado para mis hijos: no voy a vivir así, y no voy a hacer que ellos vivan así. No importa lo amorosa, gentil o buena que seas. Cuando el alcoholismo controla tu vida, la bondad, la amabilidad y el amor no ayudan.

Llega un momento en que hay que mirar profundamente dentro de sí y decir: *Aunque sea buena, amable, amorosa, con esto no basta. Tengo que respetarme y hacer lo que sea necesario para vivir mi vida de modo que pueda sentirme orgullosa.* Como mujeres, es nuestra responsabilidad respetarnos y hacer lo que sea necesario para vivir nuestras vidas de modo que nos podamos enorgullecer. Necesitamos vivir esta verdad día a día.

Capítulo 4

Un corazón de claridad y convicción

Elijo ir tras lo que quiero

S aber lo que queremos nos llevará hasta cierto punto. Desde allí en adelante, todo depende de la acción. Y a juzgar por mis observaciones de la naturaleza humana durante este último medio siglo, es el conseguir, y no el desear, lo que causa problemas.

En especial para las mujeres. Señor, no sé qué es lo que nos pasa pero parece que nos conformamos con menos de lo que debiéramos. Tomando en cuenta que se nos reconoce como la mitad más intuitiva de la raza humana, no hacemos mucho uso de esa ventaja ¿Cuántos hombres conoces que identifiquen las sutilezas de la conducta humana como lo hacemos las mujeres? No tiene nada que ver con la inteligencia. Tiene que ver con la forma singular en que las mujeres percibimos las cosas.

Ha sucedido más de una vez que Phillip y yo hemos salido a cenar con otra pareja y hay algo en la forma en que se miran que me dice que algo les está sucediendo. Cuando vamos a casa en el auto, digo: «Phillip, ¿observaste cómo actuaban esta noche?» Y me mira como si yo fuera de otro planeta y dice que no, que no notó nada. Y luego unos días más tarde encuentro a esta mujer en la calle y me dice que lamenta si ella y su esposo parecían haberse comportado de manera extraña esa noche, pero que habían tenido una pequeña discusión justo antes de salir. Entonces voy a casa, triunfante, y le digo a Phillip lo que me contó ella. Phillip me mira y pregunta: «...¿y con eso qué?»

> Si eres una de esas mujeres que se siente más cómoda reaccionando ante la vida en lugar de actuar, estoy aquí para decirte que tú obtienes lo que pides, y que si no pides, terminarás conformándote con algo inferior a lo que quieres (y mereces).

Lo que quiero señalar es que las mujeres nacemos con un don de discernimiento que podríamos, y deberíamos, usar para conseguir lo que queremos en la vida. Sin embargo, muchas nos negamos a usar este don, renunciando a él y aceptando lo que venga en lugar de hacernos cargo y asegurarnos de conseguir lo que queremos. Hay tantas mujeres que sienten como si les hubieron repartido las peores cartas del juego de naipes, y sin embargo, prefieren jugar con lo que tienen en lugar de exigir cartas nuevas. Es como si temieran que el cósmico repartidor de cartas se vaya a enojar con ellas sólo porque piden una mejor mano.

Sencillamente no lo entiendo.

Si eres una de esas mujeres que se siente más cómoda reaccionando ante la vida en lugar de actuar, estoy aquí para decirte que tú obtienes lo que pides, y que si no pides, terminarás conformándote con algo inferior a lo que quieres (y mereces).

Así es la vida: cada una de nosotras nace bajo ciertas circunstancias, un drama familiar, digamos, y se nos asigna un papel. Se espera que interpretemos este papel no porque nos quieren castigar nuestros padres, ni porque nuestros hermanos o hermanas tengan más suerte, ni porque nacemos bajo un desdichado alineamiento de los planetas. Se espera que interpretemos este papel porque las personas de la tribu en que nacemos, nuestra familia, ya viven de cierta manera y piensan que también nosotras viviremos así. Y a menudo lo hacemos. Pero el punto es que no tenemos por qué.

Mi filosofía como mujer es, y siempre fue, que no me conformaría con un matrimonio sin amor, o que no subsistiría como una persona de segunda categoría, ni sacrificaría mi salud por la última moda, ni viviría según el concepto que tiene la sociedad de lo que debe ser una mujer. Insisto, y siempre insistí, en definirme según las decisiones que tomo y que comencé a tomar cuando era todavía adolescente.

Mis padres no tenían dinero para enviarme a la universidad, así que el plan fue que trabajara durante el día para ayudar a pagar las cuentas, y que estudiara por las noches. Cuando terminé la escuela secundaria, tuve que conseguir un empleo de tiempo completo, así que trabajé en el departamento de pruebas y tránsito de un banco importante del centro de la ciudad. Mi trabajo era cancelar los cheques que había firmado la gente haciéndolos pasar por una máquina que sellaba una hilera de números en la parte inferior del cheque. Eran los comienzos de la década de 1970 y no había tal cosa como cheques gratis. Había que pagar veinticinco o hasta cincuenta centavos de dólar por cada cheque que se firmaba. Decidí ir a trabajar para ese banco porque si uno era una empleada, ellos procesaban todos los cheques personales sin cargo alguno. Papá trabajaba esporádicamente, y no ganaba demasiado, así que yo hacía que depositaran mi salario directamente en mi cuenta corriente. Así podía pagar nuestras cuentas y cubrir toda falta de dinero que surgiera.

Un día durante mi hora de almuerzo me detuve en una farmacia y me encontré con Brenda, una compañera de mi clase en la secundaria. No la conocía bien porque nos habíamos mudado de Oklahoma a Texas el año anterior, y había estado en esa escuela solamente el último año. Pero sí habíamos estado juntas en algunas clases, por lo que nos saludábamos y a veces nos visitábamos también. Resultó que iba a la universidad en la ciudad, que trabajaba medio tiempo y salía con un chico llamado Doug, piloto de la fuerza aérea. Me preguntó si yo salía con alguien y cuando le dije que no me contó que Doug tenía un compañero de cuarto que también era piloto y que le gustaría presentármelo. Ella creía que nos llevaríamos bien y que podríamos salir los cuatro.

Era la última semana de agosto, y yo había estado cancelando cheques a tiempo completo durante más de tres meses, así que una cita con un piloto de la fuerza aérea me sonaba muy bien. Brenda dijo que ella y Doug saldrían ese fin de semana y me invitó a ir a casa de sus padres, sugiriendo que saliéramos desde allí. Intercambiamos números de teléfono, almorzamos juntas y terminamos divirtiéndonos mucho.

El sábado por la tarde empaqué mi ropa para el fin de semana, les dije a mis padres dónde estaría y fui a casa de los padres de Brenda. Estábamos en su cuarto preparándonos para salir, riendo y conversando, cuando se volvió hacia mí y habló en voz baja.

—Tienes que hablar en voz baja porque mi hermano está en el cuarto de al lado. Está muy, muy enfermo. El doctor está por venir.

Sonaba muy serio.

—¿Qué le pasa? —pregunté.

—No lo sabemos —dijo—,parece neumonía, o algo así, pero se siente muy mal y no podemos hacer ruido.

Le dije que estaba bien y lo pensé durante un minuto.

—Brenda —dije entonces—, no sabía que tenías un hermano.

—Sí, es mayor que yo. Acaba de volver esta semana.

Salimos esa noche y conocí al compañero de cuarto de Doug, que resultó ser un chico bastante agradable. Me invitó para salir el siguiente fin de semana y decidimos que volvería a quedarme en casa de los padres de Brenda. Pero a último momento lo llamaron para que asistiera a una práctica de entrenamiento para pilotos y hubo que cancelar la cita. Brenda y Doug me invitaron a ir con ellos, pero yo no quería molestar, así que Brenda sugirió que me quedara en casa de sus padres hasta que volviera, ya que de todos modos me quedaría a dormir allí. Así que ella y Doug salieron y yo fui a la sala a ver televisión.

Recuerdo que llevaba puesta una camiseta y unos jeans cortados (era la moda entonces, ponerse jeans viejos convertidos en pantalones cortos, cuanto más cortos mejor), y tenía el cabello largo y atado en cola de caballo. No estaba maquillada porque mi cita se había cancelado, y allí estaba viendo la TV, cuando de pronto vi este tipo alto en el pasillo dirigiéndose a la sala. Se detuvo junto a la puerta y me miró. Recuerdo que tenía yo la boca llena de semillas de girasol, de esas que hay que pelar con los dientes y escupir las cáscaras. Y lo miré. Él me miró y allí me di cuenta: *Oh, es el hermano. El hermano de Brenda.*

El chico me mira y dice: «¿Quién eres y qué estás haciendo aquí?» Se veía desaliñado porque había estado enfermo, en cama. No se había afeitado en varios días y no se veía muy amigable. Admito que me sentí un tanto intimidada, pero hay algo en mí que piensa que la gente tiene que ser educada con sus invitados. Así que lo miré con la boca llena de semillas de girasol y la mente llena de indignación.

—¿Qué quieres decir con eso? —dije—. ¿Quién eres *tú*?

—Soy Phil, el hermano de Brenda —dijo él.

—Oh, el que estaba enfermo.

—Sí.

—Brenda dice que estuviste muy mal, ¿Cómo te sientes?

—Bien (Pueden darse cuenta quién iba llevando la conversación).

—Oh, qué bueno —dije—. Yo estaba aquí el día que vino el doctor. ¿Qué tienes?

Cuando empiezo a hablar, hablo mucho. De veras. Empecé a preguntarle sobre su enfermedad, sobre cómo se sentía, partiendo las semillas de girasol con los dientes todo ese tiempo (ese año eran mi adicción, y las comía todo el tiempo). Y él se sentó y me estudió, y conversamos durante horas. Le pregunté mil cosas y me enteré de todo lo que quería saber. (Era bastante apuesto. Me interesaba. Necesitaba información e iba en pos de lo que quería.)

Averigüé que había pasado al penúltimo año de la universidad, aunque era un poco mayor porque había tenido que tomar licencia de descanso para recuperarse de unas lesiones que había sufrido jugando al fútbol en su primer año en la Universidad de Tulsa. De paso se había asociado con los dueños de un gimnasio, lo convirtió en todo un éxito, vendió su parte, usó ese dinero para comprar otros gimnasios, se casó, tomó clases por un año en Texas Tech, vendió todos sus gimnasios, se divorció. (Soy buena como entrevistadora ¿verdad?) También tenía licencia de piloto desde los dieciséis años. Oh, y además, tenía su propio avión.

Quedé impactada. La mayoría de los estudiantes universitarios que conocía ni siquiera tenían auto. Este tipo tenía un avión. Dijo que no era gran cosa. De hecho, lo describió como chatarra voladora. Pero oigan, cualquier tipo de veintiún años que tiene su propio avión tiene que haber hecho algo bueno, y recuerdo haber pensado que me parecía muy bien.

También recuerdo haber pensado que era enorme. Mi padre era menudo, delgado y fibroso. Mi hermano tampoco es muy alto. En realidad, todos en mi familia somos pequeños y delgados, así que esa es la imagen a la que estoy acostumbrada. Pero en la familia de Phillip, los hombres son todos clientes de las tiendas para gigantes. Medía 1.85 m y pesaba unos 110 Kg. Era musculoso y ocupaba mucho espacio en la habitación. No estaba acostumbrada a eso. Y aunque no suelo asustarme con facilidad, tengo que admitir que él me daba mucho miedo porque no se veía muy amigable, al menos al principio no. Se veía muy distinto a Brenda, que era simpática y risueña (y sigue siéndolo). Yo sonrío con facilidad, así que la seriedad de Phillip me parecía un desafío.

Tuve que haber dejado una buena impresión porque cuando le dije que nunca había subido a un avión, ofreció llevarme a dar un paseo la noche siguiente. Fue nuestra primera cita, y desde entonces hemos estado juntos, excepto cuando rompimos nuestra relación (ya llegaré a esa parte).

En algún momento lo miré y dije: «Phillip, vas a tener que mostrarte más alegre. Porque si vamos a estar juntos, casarnos y vivir juntos el resto de nuestras vidas, necesitaremos divertirnos. Eres demasiado serio». Y entonces sonrió un poco y aprendió a divertirse. Pero sigue siendo en su corazón una persona muy seria y concentrada. Es muy intenso y estoico y hasta el día de hoy le cuesta mostrar emoción. Recuerdo cuando firmó el contrato de su primer libro, yo me puse a dar volteretas en la cocina y él allí parado decía: «Sí, es bueno». Y yo estaba por explotar de la emoción y decía: «Vamos, amor, ¡Es algo buenísimo!

Grita 'Hurra' o algo...» Y sonrió, pero nada más. No es que no estuviera entusiasmado por el contrato. Sí lo estaba, y yo lo podía ver en su expresión. Pero no es hombre que muestra lo que siente, ni lo bueno ni lo malo.

Tiene gran sentido del humor, sin embargo, y a veces se nota en el programa de televisión. Puede ser muy jocoso, pero también es inexpresivo y entonces uno no sabe si habla en broma o en serio. Pero es gracioso y me gusta verlo reír. Y lo hago a menudo porque se derrite cuando está conmigo. Piensa que yo tengo un sentido del humor muy vivaz, él lo llama intrépido, y yo no lo reprimo porque me encanta verlo sonreír.

Cuando votaron por Phillip como uno de los hombres más sexys, por la revista People, me entrevistaron y preguntaron cuándo me parecía que él era más sexy. Y dije: «Cuando lo hago reír». Porque tiene la sonrisa tan dulce, y cuando sonríe se le ve en los ojos, y su lado juguetón se asoma. Si digo algo gracioso, no puede evitar la risa y entonces lo veo como muy sexy. Porque es un hombre grande y fuerte, y soy yo la que lo hago reír. Es como si tuviera poder sobre él, este poder de la alegría, como lo tenía con mi padre, y me hace sentir cerca de él, conectada.

Tengo que decir algo más: ya no me asusta. Aunque se ponga intenso y serio, no permito que me intimide. Yo lo miro y lo enfrento. Creo que es otra de las cosas que hace que nuestro matrimonio funcione: nos complementamos muy bien. Él es intenso, yo soy franca.

Él es serio, y yo exuberante. Él es introvertido y yo soy expresiva. Él es lógico y yo, artística. Y funciona muy bien con nosotros.

Esa primera noche que pasé en la sala de la familia McGraw, sentí que este hombre era para mí. ¿No te sucede que a veces, sencillamente lo sabes? Así fue cuando conocí a Phillip. Serio, grande, tan diferente a mí. Sabía que éramos el uno para el otro. Lo único que hacía falta era hacerle saber que esto era así.

Nos conectamos muy rápidamente. A él le faltaba un año más en la universidad, y las clases comenzaban unas semanas después de que nos conocimos. Seguí trabajando en el banco hasta fin de año y luego cambié de empleo y trabajé en Western Auto Supply, una tienda de equipos para automóviles y aparatos electrodomésticos. Era gerente de créditos allí, y estaba en un escritorio y verificaba el crédito de la gente cuando querían comprar a tiempo una lavadora o un refrigerador. Era un lugar sencillo con luces fluorescentes y pisos de linóleo. Los clientes siempre eran personas sencillas. La descripción de Phillip lo hace parecer el lugar más deprimente del planeta, y quizá tenga razón. Pero en ese momento yo no pensaba en esas cosas. Todo lo que me importaba era el hecho de ser la gerente de crédito, ganaba bien y salía con un hombre del que estaba enamorada.

Nos veíamos casi todas las noches. Phillip estudiaba y mientras tanto yo leía o trabajaba en alguna cosa. Phillip siempre fue muy disciplinado y veía su educación con el mismo sentido de propósito que luego vi en su carrera. Trataba a sus estudios como si fueran un empleo: leía los libros apenas se los asignaban, cumplía con los proyectos asignados antes de tiempo y estudiaba con la concentración de alguien que sabía que hacerlo le llevaría más cerca a su objetivo.

Mientras tanto, yo me concentraba en mi propio objetivo. Como dije antes, sabía que mi vocación era la de esposa y madre, y para ese entonces sabía que Phillip era el hombre con quien quería casarme. Me sentía bastante segura de que él me quería también, pero como estaba tan ocupado con su licenciatura, yo sabía que la educación era su prioridad en ese momento (y así tenía que ser, claro). Además, sabía que no tenía que distraerlo, pero me aseguraba de estar cerca cuando llegaba el momento de tomar una pausa. Sus pausas muchas veces eran para jugar al tenis, un par de veces a la semana, porque esto le ayudaba a relajarse y mantenerse en forma. Un día me preguntó si sabía jugar. Mi mente iba a 200 Km. por hora en ese momento, porque jamás había tocado una raqueta, pero si le decía que no sabía jugar, quizá no quisiera invitarme porque no tendría la paciencia de enseñarme, o estaría demasiado ocupado. Así que, con los ojos en el premio de mi vida, hice lo que tenía que hacer: «¡Sí, claro que juego!», dije. Y pensaba: *Si tengo que aprender esta misma noche, lo haré*, porque si aprender a jugar al tenis en veinticuatro horas significa estar con él y divertirnos, para cuando salga el sol seré Billie Jean King. (Acababa de ganarle a Bobby Riggs en un partido muy publicitado del Houston Astrodome que Riggs había organizado para mostrar la supuesta superioridad de los jugadores varones. Deduje que si ella podía demoler a un fanfarrón como Riggs con una raqueta, yo podría aprender a darle a la pelota.)

Phillip, sin embargo, me ganó en esta: «Bueno, vamos ahora mismo entonces». *¿En este momento?*, pensé. Pero dije: «¡Vamos ya!»

Ahora, antes que me desacartes por ser una mentirosa, quiero explicarte algo. Ante todo, él me estaba poniendo a prueba, y yo lo sabía. Segundo, sabes tan bien como yo que a veces, las chicas tenemos que hacer lo que se tenga que hacer. Y en ese momento, definitivamente tenía que ir a la cancha y pasar por tonta (precio bastante bajo con tal de ganar a mi hombre, ¿verdad?)

Así que fuimos, y yo ni siquiera sabía tomar la raqueta. Corría y la agitaba como si fuera una red para cazar mariposas.

Phillip dijo: «¡No sabes jugar!»

Y yo dije: «No, pero ¿verdad que nos divertimos? ¿Y no me veo linda con estos pantalones cortos?»

Y Phillip sonrió, con esa sonrisa encantadora y respondió: «Sí, estás bien. Sí». Y yo me dije: *Vamos, Robin. Haz lo que tengas que hacer.*

Otro día, durante una cita, recuerdo haber querido hacer algo que lo hiciera feliz, y le pregunté: «¿Te gusta el pastel?»

—Oh, sí —dijo él—. Me encanta el pastel. Me encanta.

—¿Cuál es tu favorito?

—Pastel de crema de chocolate.

—Ah, yo hago buenos pasteles. Y el de crema de chocolate me sale bien.

—Ah, ¿sí?

—Seguro. Te preparo uno.

Aún vivía en casa con mis padres, y mi mamá sabía cocinar de todo, así que le conté lo que había pasado y mamá dijo: «Yo haré el pastel para Phillip y se lo puedes llevar» (Sí, mi mamá cocinaba muy bien y además era buena compinche). Mientras mamá hacía el pastel, yo miraba con toda atención. Llamé a Phillip y le dije: «Bien, amor. Estoy preparando la masa. Estoy poniendo la crema de chocolate. Hmmmm ¡qué rico!» Y le describía exactamente lo que ella estaba haciendo. Y él decía:

«Oh ¿de veras? Hm, hm», (como hace en el show de televisión del Dr. Phil cuando alguien dice algo y él no le cree del todo pero no lo quiere decir, así que mira sus notas y hace Hm, hm...)

Seguía haciendo Hmmm, en el teléfono, y yo le dije: «Bueno, ahora estoy batiendo el relleno… Ahora lo acabo de poner en el horno... Muy bien, ya sale. Oh, ya lo saqué y se está enfriando. Y ahora bato la crema. Y voy a poner rollitos de chocolate encima... ¿Y adivina qué? ¡Te lo llevo ahora mismo!» Puse el pastel en una bandeja y se lo llevé a su casa.

«Bien ¿qué piensas de mi pastel?» dije. «¿No se ve delicioso?», estaba exagerando. Luego, mientras comía el primer bocado, le dije la verdad:

«No lo hice yo. Lo hizo mi madre».

«Sí, lo sé», dijo.

Y hasta el día de hoy sigue diciendo que sabía que era mi madre la que había hecho el pastel, y que atendió mis llamadas porque no quería estropear la sorpresa. Y así es: no es que mentí para engañarlo. Quería sorprenderlo y agradarlo, nada más.

También lo sorprendí muchas otras veces, agradándole con cosas que mostraban cómo lo amaba. También hice cosas importantes, como mudarme de la casa de mis padres para seguirlo a Denton, donde fue a la Universidad del Norte de Texas para seguir estudiando. Habíamos estado saliendo durante dos años y todavía no estábamos listos para comprometernos, pero queríamos estar juntos. No había motivo para que yo no fuera con él, y además, sentía que ya debía irme de casa. Así que Phillip y yo decidimos mudarnos a Denton, conseguir empleo y estudiar de noche.

Encontré un departamento pequeño cerca del de Phillip, y también un lindo empleo como operadora de Unicom en el Aeropuerto Municipal de Denton, dando instrucciones de aterrizaje a los pilotos cuando querían aterrizar. Era un aeropuerto privado, con mucho tráfico, así que yo tenía que ocuparme de eso y de la oficina también. Además, estaba estudiando por las noches, así que nunca me aburría. Por las tardes Phillip y yo nos encontrábamos en la biblioteca de la universidad, o nos quedábamos en su apartamento o el mío para estudiar. Él se concentraba mucho en sus estudios porque ya había abandonado la universidad una vez y había terminado administrando un negocio, por lo que no quería que nada le interrumpiera en su camino hacia el doctorado. Yo lo entendía y lo apoyaba cien por ciento.

Habíamos estado allí durante un año cuando sentí que quería casarme. Phillip y yo pasábamos juntos todo el tiempo que no estábamos trabajando, como si estuviéramos casados, pero vivíamos en lugares diferentes. No había dudas acerca de nuestros sentimientos, y me parecía que ya había pasado tiempo suficiente como para saber en qué nos estábamos metiendo. Así que una noche respiré hondo y le dije:

«Phillip. Tenemos que tomar una decisión sobre la dirección en la que estamos yendo. Hemos estado juntos durante tres años y me gustaría casarme». Cerró su libro, aclaró la voz y me miró a los ojos.

«Robin, no puedo casarme todavía. No estoy listo. Realmente siento que tengo que terminar de estudiar. No puedo detenerme como lo hice la última vez y dedicarme a los negocios. Estoy muy concentrado en terminar este programa y no quiero comprometerme contigo hasta que pueda dedicarme cien por ciento a nuestro matrimonio. No voy a casarme hasta que pueda hacer eso».

Esperé un momento y dije:

«¿Sabes qué? Puse mis cartas sobre la mesa y tú eliges no jugar. Pero ahora que sé cómo te sientes, me voy».

Tomé mis libros, me puse el abrigo y me fui.

Quizá fue la cosa más inteligente que haya hecho en mi vida.

Lo decía en serio porque sabía lo que quería y necesitaba. Y aunque lo amaba, también sabía que tenía que cuidarme y pensé: *No me voy a dejar que me arrastren.* Era una enamorada realmente buena. Lo cuidaba mucho. Le había dedicado tres años mostrándole quién era y cómo sería la vida si me elegía como esposa y quería saber que íbamos a casarnos. Pensaba que era muy lógico esto (y tenía razón).

Aunque estaba desilusionada porque no quiso comprometerse, no sentía rencor. Sabía que no era porque no me amara. Respetaba su posición, que era el compromiso con su doctorado, y nada lo detendría.

Pero también yo tenía un compromiso conmigo misma y me respetaba lo suficiente como para no permitir que nada me impidiera cumplirlo. Siempre fui una de aquellas personas que una vez que están decididas, actúan. Soy de las personas que van a todo o nada, lo cual a veces es bueno, y otras veces es malo. Pero bueno o malo, tengo convicciones fuertes y las defiendo.

Nos separamos. Al día siguiente hablé con Beverly, que trabajaba en el aeropuerto conmigo, y le dije que si todavía buscaba dónde vivir, podría mudarse conmigo. Me sentía un poco sola y pensaba que sería buena compañía, además de gran ayuda con el gasto del alquiler. Así que para el fin de esa semana, tenía una compañera de cuarto y un poco más de dinero.

Era el otoño de 1975. Todavía no tenía 22 años y no estaba dispuesta a renunciar a la idea de casarme con Phillip McGraw (que nos hubiésemos separado no quería decir que no lo quisiera). Así que esperé un tiempo razonable, unos dos meses, hasta saber que había vuelto a casa para las vacaciones. Llamé a la casa de sus padres. No habíamos hablado desde el día en que me fui, y sabía que tenía que estar extrañándome. Pero no quería hablar con él todavía. Así que elegí un momento en que sabía que no estaría en casa, lo llamé a casa de sus padres, y le dejé un mensaje. (No recuerdo si Brenda o su madre fueron mis cómplices en averiguar cuándo estaría o no.) Lo que sí sé es que quise llamarlo cuando no estuviera para dejarle la intriga de un mensaje: «¿Me llamarías?» Sabía que lo haría.

Y así fue. Hice que contestara Beverly, aunque yo estaba sentada justo al lado del teléfono. No había identificador de llamadas telefónicas en esos días, así que le pedí a Beverly que contestara todas las llamadas para que no me tomara por sorpresa. Beverly dijo: «Oh, lo lamento. Robin no está. Salió con un chico». Y él dijo: «Ohhh...». Lo oí porque estaba al lado del auricular mientras Beverly hablaba. Ella tomó su mensaje con toda educación, y colgó.

Phillip volvió a llamar unos días después y esta vez atendí. Me dijo: «Oye, sabes... voy a tener vacaciones en dos semanas más, y el viernes por la noche, cuando salgas del trabajo, yo podría llegar para que cenáramos juntos».

Yo dije: «Claro», de lo más tranquila. Phillip me dio el número de matrícula de su avión: 5902Q, no puedo creer que todavía lo recuerdo. Colgué el teléfono y me sentía tan entusiasmada que durante media hora no pude sentarme ni estar quieta.

Llegó por fin la gran noche. Yo estaba trabajando en el aeropuerto. Y desde su avión llamó, y mi compañera se volvió hacia mí y dijo: «¡Aquí está! ¡Aquí está!» Le di las instrucciones de aterrizaje, y lo vi carretear por la pista, en el momento justo porque ya terminaba mi turno. Subimos al auto, fuimos a cenar y luego a su departamento y conversamos. Ambos admitimos que nos amábamos y extrañábamos, y que ninguno de los dos quería a nadie más.

Entonces me propuso matrimonio y yo le dije que sí (gran sorpresa). Fue a mediados de enero de 1976, y un mes más tarde, en el Día de San Valentín, me dio el anillo de compromiso. Y nos casamos seis meses después, el 14 de agosto de 1976, justo el día en que tenía que ir a su ceremonia de graduación de maestría. Pero dijo, y creo que esto fue importante, que la maestría no era tan importante porque continuaría con el programa para el doctorado, así que mejor sería pasar el día en la boda que en la graduación. Y pensé que era muy dulce de su parte que diera prioridad a la boda; era un gesto simbólico, un regalo para mí. Así que mientras sus compañeros iban hacia el frente a recibir sus diplomas, él iba hacia el altar para casarse conmigo.

> Pero también creo que Dios quiere que yo me respete y me defienda, tanto en el matrimonio como en todos los aspectos de mi vida.

No fue por casualidad entonces que conseguí lo que quería. Lo conseguí según mis términos.

Y dije antes que creo que fui puesta en esta tierra para ser la esposa de Phillip y que creo que Dios tenía en sus planes que estuviéramos juntos Pero también creo que Dios quiere que yo me respete y me defienda, tanto en el matrimonio como en todos los aspectos de mi vida.

Y quien más está de acuerdo conmigo en esto es Phillip. Dice que le enseñamos a las personas cómo tratarnos, y esa noche hace treinta años en su departamento, le enseñé que no iba a tratarme como un par de zapatos viejos juntando polvo en un armario. Le enseñé que si íbamos a estar juntos tendría que ser según mis reglas y las de él.

Es interesante que cuando les cuento esta historia a otras mujeres, se alegran cuando digo que me fui. Y luego preguntan: «¿No te preocupaba que pudiera encontrar a otra chica?» Y la respuesta es: «No» por dos razones. Primero, porque sabía que me amaba. Y segundo, si encontraba a alguien más y no peleaba por mí, entonces era claro que no estaba tan enamorado de mí como yo quería que lo estuviera mi esposo. Además, no es que me quedé pasivamente, llorando por el gran amor perdido. Lo llamé, después de todo. Lo perseguí hasta que me atrapó. No me gustaba vivir sin él mientras estábamos separados, pero, como dije anteriormente, a veces una chica tiene que hacer lo que una chica tiene que hacer. Y yo haré todo lo que se necesite hacer.

Esta es quizá la razón por la que conseguí el mejor empleo que haya tenido jamás.

Después de casados, y de que Phillip obtuviera su doctorado, le asignaron un internado de psicología en un hospital de veteranos en Waco, a unos 180 Km. al sur de Denton. Yo había dejado mi empleo en el aeropuerto por uno mejor, como asistente ejecutiva del director general ejecutivo de una empresa que fabricaba máquinas expendedoras, pero íbamos a mudarnos ahora y tenía que encontrar un nuevo empleo.

Sucedió que la hermana de Phillip, Donna y su esposo Scott, vivían en Waco. (Phillip tiene tres hermanas: Brenda, Donna y Deana.) Scott ahora trabaja para el programa del *Dr. Phil*, pero en ese momento era ingeniero industrial de una empresa que fabricaba y empacaba artículos de cirugía. Cuando Scott se enteró que nos íbamos a mudar por ahí, él le dijo a Phillip que su departamento buscaba un técnico y que pensaba que yo sería fabulosa en ese puesto. Nos invitó a pasar con ellos ese fin de semana para explicarme en qué consistía el trabajo y dijo que arreglaría una entrevista conmigo para el día lunes.

¿Por qué no? Nunca había trabajado como técnica de ingeniería industrial, pero aprendía rápido. Así que volamos a Waco, Donna y Scott nos invitaron a cenar, y entonces Scott me preparó para la entrevista. Dijo que la tarea que yo debería desarrollar sería diseñar la forma más eficiente de almacenar paquetes de artículos de cirugía, los cuales son recipientes con utensilios y materiales estériles que se usan en el quirófano. Tenía que diseñar procesos diferentes para cada paquete, dependiendo del tipo de operación que iba a desempeñar. Por ejemplo, un paquete para cirugía de vesícula consistía de tipos específicos de gasa, hilo, grampas y otros accesorios que se necesitan para ese tipo de operación, mientras que para una cesárea, el paquete incluiría las esponjas y tipos de hilo para cirugía abdominal, además de una grampa de cordón umbilical y un aspirador nasal para el bebé.

Scott dijo que me entrevistaría un panel de hombres y me dio indicaciones y lineamientos sobre las habilidades que buscarían en el candidato. Me dijo que estaría presente en la entrevista pero no diría nada porque acordamos que de mí dependería convencerles de que era capaz de cumplir con la tarea. Le dije que estaba bien, y le agradecí por su ayuda. Lo importante era que tenía que entrar allí y convencer a esos hombres de que yo podía ser una excelente técnica de ingeniería industrial.

A la mañana siguiente entré en una sala para reunirme con el comité de seis entrevistadores. Me explicaron que la tarea consistía en la creación de procesos de empaquetadura, y que debía efectuar estudios de tiempo para determinar cuáles eran los más efectivos en cuestión de costos, analizar los resultados para establecer incentivos en la paga de los operarios que armarían los paquetes y anotar las instrucciones para el procedimiento que calificara como el más eficiente. Asentí, confiada mientras explicaban los diversos aspectos del empleo.

Luego, un hombre dijo: «Usamos un protocolo de empaque que implementa un determinado número de pasos según lo dictan las pautas de nuestra empresa. ¿Cuántos pasos tenían implementados en el protocolo de empaque de su anterior empleo?»

Tuve que pensar rápido. Trabajaba para una compañía que fabricaba máquinas expendedoras, así que pensé: *Bueno, ¿cuántos pasos hacen falta para preparar y abastecer una máquina expendedora?* Se me ocurrió un número y mirándolo a los ojos dije:

«Doscientos».

Me miró como diciendo: «¡¿Qué cosa dice?!»

Scott abrió los ojos, enormes, y pensé: *Oh, oh... no es la respuesta que esperaban.* Por lo que sonreí (jamás me quedo sin palabras) y dije: «Lo siento. No entendí bien. La respuesta es cinco. Nuestro proceso es de *cinco* pasos».

Y el hombre dijo entonces:

«Ah, así está mejor. Tiene sentido».

¡Wow! Sentía la adrenalina inundando cada célula de mi cuerpo, pero no iba a quedarme con una respuesta equivocada. Creo en el viejo adagio: «Nunca dejes que vean cómo transpiras». Conseguí el empleo.

Me encantaba ese trabajo. Era un desafío para mi mente y me permitía aprovechar mi capacidad de organización, que mi familia puede testificar que es excelente, solamente dame una casa con una cocina vacía, y llenaré los cajones y armarios mejor que cualquier experto. Si buscas eficiencia, soy la indicada, y eso era lo que buscaban en este empleo. Sabía que me necesitaban aunque hizo falta esfuerzo para convencerlos.

Me sumergí en los detalles del ensamblaje de paquetes quirúrgicos, y me dediqué a diseñar maneras efectivas para hacerlo. Requería de ingenio porque había que insertar los elementos en el paquete en orden inverso al que se necesitaría en el quirófano. Por ejemplo, las suturas para cerrar una incisión al final de la operación sería una de las primeras cosas en ponerse en el paquete porque sería una de las últimas cosas que necesitaría el cirujano. Entonces llegó el momento de estudiar los tiempos, lo cual requería que recorriese las líneas de ensamblaje mientras los operarios llenaban los paquetes, con el propósito de determinar cuántos llenaban en una hora, trabajando a ritmo razonablemente ágil. Si alguien excedía esa cantidad, obtenía un incentivo, paga extra por haber producido más. Yo recorría los pasillos con un anotador y cuatro cronómetros, y tomaba el tiempo que les llevaba a los empleados en completar cada paso. Yo computaba el número de segundos o minutos que cada uno de ellos requería para ejecutar cada uno de los cuatro pasos, luego sacaba el tiempo promedio requerido para cada paso, y luego calculaba el tiempo promedio para llevar a cabo los cuatro pasos juntos. Luego podía determinar cuántas unidades debía ensamblar un empleado en una hora para que calificara para el incentivo.

¡Me encantaba! Quizá para otros no sea algo emocionante, pero para mí sí lo era. Aprendí mucho en ese trabajo: medicina, cirugía, y lo que pasa durante una operación que el paciente nunca ve. Y lo mejor de todo, aprendí el placer gratificante de trabajar en algo en que eres buena. Siempre tendré un lugar especial en mi corazón para Scott, por haber concertado esa entrevista, y para esos seis hombres que decidieron contratarme. Es claro que vieron algo que los persuadió a probar conmigo y siempre les estaré agradecida por haberme dado la oportunidad de destacarme.

Dicen que la suerte es lo que se da cuando la preparación se encuentra con la oportunidad, y creo que así es. Parece que me va bien en muchas cosas, y no es porque lo merezco más que otras personas, sino porque pongo mucha energía para lograr que sucedan. Creo mucho en el poder de la energía, esa fuerza que surge cuando decides lograr algo, y lo que sucede cuando la usamos como catalizador: las cosas quizá no siempre salgan como lo imaginaste, pero eso no es lo importante. Lo importante es mirarse por dentro, identificar lo que hace falta para ser felices y poner las cosas en marcha para alcanzar esa felicidad.

Y así fue como conseguí una tropa de Brownies.

Phillip estaba en la universidad haciendo su posgrado, y yo trabajaba durante el día y estudiaba de noche. Vivíamos en una casa pequeña y no éramos exactamente ricos: yo ganaba unos $250 por semana y Phillip, como profesor asistente, ganaba unos $300 mensuales, así que no salíamos mucho a la calle. Yo estudiaba, hacía cosas de la casa, aprendí a cocinar y cuidaba de nuestro pequeño hogar. Phillip y yo no nos veíamos mucho porque cuando él no estaba dando clases aprovechaba para estudiar, y además, se ausentaba un fin de semana al mes para ver pacientes con su padre, que tenía un exitoso consultorio de psicoterapia.

Siempre me gustaron los niños y ansiaba tener los míos. Pero apenas teníamos dinero para mantenernos y Phillip definitivamente no quería iniciar una familia hasta que tuviéramos más entradas. Phillip es muy conservador en cuestión de finanzas, y si no puede pagar algo al contado, no lo compra. Así que mientras yo sabía que tendría que esperar unos años para tener hijos ¿qué me podía impedir que estuviera con los hijos de otros?

Esto era exactamente lo que tenía en mente cuando llamé por teléfono a la oficina local de las Niñas Exploradoras de América y le dije a la mujer que contestó que me encantaban las niñas y que quería liderar una Tropa de Brownies. La mujer estaba contentísima.

«¡Qué maravilloso!» dijo. «Siempre necesitamos líderes. ¿A qué escuela asiste su hija?»

«En realidad, no tengo hijos», respondí. «Todavía no. Estoy casada y mi esposo es un estudiante de posgrado de psicología, y cuando termine de estudiar tendremos nuestra propia familia».

—¿No tiene hijas, pero quiere liderar una tropa Brownie?

—Sí, señora, así es.

—Creo que nunca tuvimos un pedido como este. Tendrá que venir a la oficina.

Fui a la entrevista para que vieran que no era una lunática, y para probarles que realmente quería liderar a las Brownies aunque no tuviera hijas. Y debo haber hecho las cosas bien porque dijeron que había una escuela que necesitaba una líder para las niñas de jardín de infantes y primer grado. Me permitirían crear y liderar una tropa siempre y cuando entendiera que estaba a prueba. Me supervisarían para ver cómo me desempeñaba. Yo dije: ¡fabuloso!

Eran ocho niñitas, y todas venían a casa para hacer manualidades. La organización tenía pautas que debían seguirse para que las niñas ganaran sus escudos, así que hice todo lo que pedían (estaba a prueba, después de todo). Recuerdo una noche en que nos reunimos en casa y les leí el boletín oficial que se distribuía a los líderes, para informar de programas y actividades. Llegué a la parte del festival anual de las Girl Scouts, en que todas se reúnen para ir de campamento. Las niñas comenzaron a aplaudir y gritar de alegría.

Estaba leyendo sobre las cosas divertidas que haríamos, y llegué a la parte de la letra chica: el viaje de campamento para pasar la noche no era para tropas Brownies. Me detuve en medio de la frase y dije: «Chicas, son demasiado pequeñas. No podemos ir». Y me miraron con sus caritas tristes y comenzaron a llorar. Pensé: *Oh, ¿qué hice?* Era tan patético. En un instante estaban entusiasmadas y en el otro estaban llorando en la mesa de mi cocina. Dije entonces: «Bueno, haremos esto: nuestro propio festival aquí. Acamparemos en el jardín de mi casa el fin de semana que viene ¿qué dicen?» Dejaron de llorar, y otra vez se oyeron gritos de alegría.

No me di cuenta de que Phillip no estaría en la ciudad el fin de semana siguiente, por lo que tendría que hacer todo sola. Pero tuve una idea. Nuestros vecinos eran un matrimonio maravilloso, Ronnie y Diane, mayores que nosotros y algo así como padres sustitutos de Phillip y mío. La familia de Ronnie tenía una empresa excavadora para tumbas para servicios funerarios, de manera que Ronnie iba al cementerio antes de un entierro para excavar la tumba y poner una carpa para la familia del fallecido si el clima no era bueno. Lo llamé y le dije: «Ronnie, tengo un grupo de niñas que viene a acampar en el jardín de mi casa este fin de semana y Phillip no va a estar aquí. ¿Cómo puedo armar una carpa?»

«No te preocupes. Yo lo hago», dijo. Y armó una carpa fúnebre para mis Brownies.

El sábado siguiente por la tarde, llegaron ocho autos a mi casa, de donde saltaron ocho niñitas con bolsas de dormir, almohadas y muñecas Barbie. Tenía planificados muchos juegos y ellas se estaban divirtiendo mucho. Ronnie y Diane me ayudaron a darles de comer, y cuando comenzó a oscurecer, las niñas y yo nos metimos en las bolsas de dormir y nos acurrucamos mientras les leía cuentos, jugábamos con las linternas y comíamos malvaviscos. Por fin, todas se durmieron. Yo también me dormí, pero desperté unas horas más tarde a causa de unas gotas de lluvia que repiqueteaban en la lona. Esas gotas pronto se convirtieron en un diluvio. Allí estaba yo, a las tres de la mañana en una carpa de funeral, con ocho niñitas somnolientas, y con relámpagos y gritos. Dije: «Chicas, entremos a la casa». Las bolsas de dormir estaban empapadas, por lo que fui a mi armario y tomé todas las sábanas y frazadas que tenía (incluyendo las de mi cama) y armé camitas en el suelo. A pesar de mis esfuerzos, dos de las niñas estaban muy asustadas y llorando. Así que llamé a sus padres para que vinieran a buscarlas. Estaba empapada y creí que caería rendida de agotamiento. Pero fue una de las mejores noches de mi vida.

A la mañana siguiente, el sol brillaba, estaba despejado y yo veía las seis caritas dormidas en el suelo de la sala de mi casa. Fue algo sencillamente adorable. Me gustaba mucho ser líder de Brownies porque lograba hacer lo que más disfrutaba: pasar tiempo con niños y poner mis energías en acción para que fueran felices. Es gracioso porque cuando me imaginaba siendo madre, siempre pensé en tener varones. Siempre lo había soñado, y es lo que sucedió. Pero esas niñitas... no podría haberlas disfrutado más. Eran exactamente lo que necesitaba en ese momento de mi vida, y considero que fue un privilegio y una bendición ser la primera líder de Brownies, sin hijas, en Waco, Texas.

He pensado en esa tropa Brownie muchas veces (¡ahora esas niñas deben tener unos treinta años!), y lo que más me divierte es que toda esa experiencia la había armado yo. Sabía que las líderes de tropa eran por lo general madres de las niñas que estaban en el programa de exploradoras, pero eso no me detuvo. Sabía que quería trabajar con niños y que tendría que encontrar una forma de hacerlo a medio tiempo. Las

Niñas Exploradoras parecían encajar con mis deseos así que fui en pos de ellas, y resultó ser perfecto para ambas partes.

Apenas sé que quiero que algo se manifieste en mi vida, comienzo a pensar, a actuar y a conducirme como si lo que quiero estuviera a la vuelta de la esquina, esperando a que vaya y lo obtenga. Como sucedió con las Brownies; sabía que me gustaban los niños y quería estar rodeada de ellos, así que tenía que escoger: podía andar deprimida porque no tenía mis propios hijos o podía estar con los hijos de otros.

> Para mí hay una enorme diferencia entre esperar que la felicidad venga a ti porque lo mereces, y salir a buscar la felicidad que crees merecer.

Es uno de los dichos más antiguos, pero creo que el Señor ayuda a los que se ayudan, y jamás dudé en ayudarme a ser feliz cada vez que la felicidad estuvo a mi alcance. Está al alcance de todos, si tan sólo la gente lo viera. Ese es el punto: La gente no ve el potencial que tienen de ser felices porque de alguna manera, piensan que ya son todo lo felices que podrían ser, no importa qué tan infelices sean. Para mí hay una enorme diferencia entre esperar que la felicidad venga a ti porque lo mereces, y salir a buscar la felicidad que crees merecer. Conozco a mucha gente que dice: «Creo que soy una buena persona. Supongo que soy feliz». Para mí, esto no expresa autovalía. Uno tiene que creer en su corazón que merece ser feliz, y luego, cuando uno obtiene la felicidad que quiere, tiene que ser consciente de ella y apreciarla.

Muchas personas que conozco tienen una gran vida, pero no la ven. Eligen concentrarse no en lo que tienen sino en lo que creen que les falta, y entonces no ven de qué se trata la vida. Hay gente que siempre parece estar disconforme, por muy devoto o devota que su esposo o esposa, siempre quieren o desean más, más riqueza, más belleza, más atractivo. Y aunque tengan hijos sobresalientes, siempre piensan que podrían haber ganado un trofeo más grande, o un honor académico más alto si se hubiesen esforzado más. Y aunque tengan un auto lindo, siempre quieren un modelo mejor. Aunque tengan un hogar lleno de amor, siempre quieren una casa más grande. Y aunque creo con firmeza en el esfuerzo por mejorar nuestro nivel de vida, también creo que hay que reconocer lo bueno que uno tiene y agradecer a Dios por todo lo que tenemos.

Tengo una buena vida. Despierto cada mañana en mi linda casa y agradezco a Dios por el gozo y la abundancia con que me bendijo. Pero aunque amo esta casa enorme, no es la casa lo que me hace despertar feliz. Si Phillip y yo no tuviéramos este compromiso mutuo y sólido, la casa no serviría de nada: sería un gran espacio donde sentirnos solos.

No importa dónde vivamos: comenzamos en un departamento de un solo dormitorio, y podría volver allí hoy mismo. Juro que podría dejar este estilo de vida de ricos, ponerme unos jeans rotos y una camiseta y volver a ese departamento de Denton, Texas, con mi esposo. Sería tan feliz como pudiéramos mientras estuviésemos juntos, orgullosos el uno del otro, y haciendo lo que es importante.

Sí, me encanta el piso de mosaicos y las arañas de cristal de mi casa, pero no más que los bancos de madera que teníamos en el departamento cuando Phillip estudiaba. Jamás lo olvidaré. Él se había ido a trabajar con su padre por el fin de semana y yo decidí que haría algo divertido para sorprenderlo cuando regresara. Me quedaban ocho dólares del presupuesto semanal y con eso fui al supermercado y compré una lata de pintura naranja, y un pincel y con los tres dólares restantes compré una plantita de enredadera. Llegué al departamento, con sus paredes color beige y la alfombra marrón y pinté los bancos de color naranja mandarina, y los puse cerca de la mesa para el desayuno. Parecían brillar como el atardecer de Tahití. Luego puse la enredadera sobre la mesa para el desayuno para que colgara junto a los bancos, y me pareció la cosa más preciosa que hubiera visto jamás. Y en varios aspectos, lo sigue siendo. Mucho más precioso que los ocho dólares que me costó crearlo, porque nació en mi corazón y lo hice con mis propias manos. Lo imaginé y lo hice. Para mí, no hay nada mejor que eso.

Capítulo 5

EL CORAZÓN QUE DISCIERNE

y lo que aprendí del legado de amor de mi madre

Uno nunca sabe cuándo la vida cambiará para siempre. En un momento, nuestra existencia es limpia y ordenada, con cada cosa y cada persona en su lugar. Luego llega un tornado y todo lo que conocemos como vida queda hecho trizas, desparramado, sin sentido alguno. A veces podemos verlo llegar y prepararnos, pero otras, llega sin aviso y nos golpea. Lo único que podemos hacer es quedarnos allí, boquiabiertos, impactados, intentando encontrar sentido de la nueva realidad que hay que absorber y aceptar.

Eso es lo que me sucedió un domingo por la mañana hace más de veinte años cuando murió mi madre. No había tenido aviso, no hubo tiempo para prepararme. Lo único que tenía era el sonido de su voz, y la incomprensible realización de que ya nunca volvería a oírla. Un momento ella me estaba hablando y al siguiente de repente, silencio.

> Un momento ella me estaba hablando y al siguiente de repente, silencio. Fue rápido y definitivo. No fue sino hasta mucho después que supe qué era lo que nos había golpeado a ambas.

Fue rápido y definitivo. No fue sino hasta mucho después que supe qué era lo que nos había golpeado a ambas.

El día habría sido memorable de todos modos porque era la primera mañana en nuestra casa nueva. El camión de la mudanza se había ido unas horas antes y en medio de una noche lluviosa mis ordenadas cajas de cartón se habían convertido en pulpa blanda y empapada. Estábamos entusiasmados por mudarnos a la casa nueva, que en realidad era una casa vieja que quedaba del otro lado de la ciudad donde habíamos vivido antes; pero todo sucedió mucho más rápido de lo que habíamos planeado. Habíamos estado viviendo en un bello lugar construido por nosotros, pero ahora que Jay iba a comenzar el jardín infantil, queríamos mudarnos a otro barrio en un sector más antiguo de la ciudad. Tenía viejas casas enormes, árboles inmensos y buenas escuelas, todo lo cual hacía de este barrio un lugar sumamente deseable y caro. Así que decidimos buscar una casa vieja, de menor precio, y que la podíamos refaccionar.

Salí y encontré justo lo que buscábamos: una casa grande y antigua y con mucho potencial. Había que cambiar casi todo lo que tenía la casa, pero el precio estaba bien. Además, me encanta remodelar una casa vieja para que quede a mi gusto. Cada vez que nos mudamos Phillip dice: «No olerá a hogar hasta que huela a ti». Yo uso perfume y lo rocío por toda la casa. Enciendo velas, cocino y hago pasteles. Estas son cosas que siempre llevé a cabo para hacer que la casa huela a hogar. A Phillip eso le gusta mucho y cuando vi esa lúgubre casa vieja y polvorienta pensé: *Sólo espera a que te ponga las manos encima. Quedarás preciosa.*

Así que hicimos una oferta y pusimos a la venta nuestra casa relativamente nueva. Y la primera persona que vino a verla nos pagó lo que pedíamos en efectivo. Así que la vendimos en el instante y tuvimos tres semanas para empacar y planificar la mudanza. Me dieron las llaves de la casa nueva y fui a pintar los dormitorios y la cocina para que fueran habitables. Comenzamos a empacar y a llamar a empresas de mudanza, pero no encontramos quién pudiera hacer el trabajo si no era un sábado después de otro trabajo.

Así que en una oscura noche de octubre, bajo la lluvia torrencial, llegaron los hombres de la mudanza y cargaron nuestros muebles en dos camiones enormes de 18 ruedas. Seguía lloviendo y ya eran más de las tres de la mañana para cuando descargaron la última caja. En algún momento antes del amanecer Phillip y yo decidimos ir a dormir. Jay estaba en casa de un amigo y yo quería dormir unas horas antes de que llegara. También estaba esperando que llegara mi madre, por lo que quería desempacar la cocina antes de que viniera. Me había llamado mientras el camión de la mudanza estaba todavía frente a la puerta, ofreciéndose a venir por la mañana para ayudarme a desempacar todo. Le dije: «Mamá, en lugar de venir bien temprano, ¿podrías cocinarme un pastel de zapallo y traerlo para que comamos mientras estoy desempacando?» Dijo que le encantaría.

Nos despertamos como a las diez de la mañana. El cielo estaba despejado, y teníamos hambre. Pero no había nada de comer en la casa. Phillip se puso la ropa y salió hacia el almacén para comprar rosquillas. Yo estaba desempacando una caja cuando sonó el teléfono. Siempre me gusta la primera llamada telefónica en una casa nueva, y además, como mi madre era la única que tenía el número yo sabía que sería ella.

—Buenos días —dijo—.¿Cómo va la casa nueva?

—Es vieja. Todas las cajas están mojadas, y no hay un olor muy agradable aquí. Lo que me recuerda, el pastel, ¿Cómo va?

—Acabo de sacarlo del horno. Apenas se enfríe lo llevaré —dijo.

—¡Qué bueno! Estoy impaciente.

Mamá guardó silencio un momento.

—Robin, ¿está Phil allí?

—No. Fue a comprar rosquillas, ¿Por qué?

—Oh. Es que me siento rara. Quería preguntarle, nada más

—¿Cómo que te sientes rara?

Silencio. Se desconectó la línea.

Pensé que era un desperfecto, y colgué el auricular. En ese momento Phillip entró y el teléfono sonó otra vez.

—Debe ser mi madre. Se cortó y quiere preguntarte algo.

Phillip atendió y desde donde estaba parada oí la voz de mi padre, ronca y gritando:

—¡Oh, Dios mío! Algo pasó ¡Algo le pasó a Georgia! ¡Auxilio! ¡Ayúdenme!

Y Phillip dijo:

—Jim, escúchame. Cuelga ya y llama a una ambulancia. Salimos para allá.

Corrimos al auto y fuimos a toda velocidad a casa de mis padres. Corrí hacia el dormitorio y allí vi a mamá, sobre la cama, con el rostro de color ceniciento. Phillip enseguida comenzó con las maniobras de primeros auxilios. Logró que respirara otra vez y le volvió el color a la cara. Oímos la sirena a la distancia, luego más y más cerca, y luego me di cuenta de que no encontraban la callecita en que vivían mis padres y pensé qué horrible sería que mi madre muriera mientras estaban buscando su casa. Phillip seguía intentando reanimarla y yo lo miraba aterrorizada, sin saber qué decir, qué hacer, qué pensar.

Todo sucedió tan rápido y tan despacio a la vez.

Mi padre estaba frenético, así que lo llevé afuera para que hiciera señas a la ambulancia. Llegó unos minutos después y los paramédicos corrieron hacia el dormitorio. Phillip dio un paso atrás y ellos continuaron reanimándola. La pusieron en una camilla y Phillip les dijo algo que yo no pude escuchar.

Mientras la llevaban hacia la ambulancia Phillip sugirió que fuera yo con ella, pensando que me daría unos momentos preciosos junto a mi madre si volvía en sí. Subí y la vi conectada a una máquina que hacía ruidos, biiiip – biiiip – biiiip. Como en la televisión cuando un paciente muere y el paramédico dice: «La perdí otra vez».

Salté de esa ambulancia como una bala. Porque no podía quedarme allí sentada viéndola morir, así que Phillip y yo seguimos a la ambulancia con nuestro auto. Yo estaba emocionalmente conmocionada, y le preguntaba a Phillip: «¿Por qué no van más rápido? ¿Por qué no hacen sonar la sirena? ¿Qué les pasa?» Phillip sabía por qué, pero se mantuvo en silencio tomándome de la mano.

Llegamos al hospital y como Phillip trabajaba allí pudimos conseguir una salita de espera donde estábamos solos. Yo había llamado a Roger, que llegó con su esposa unos minutos después. También había llamado a Jamie, Karin y Cindi, mis hermanas, y estaban en camino. Cindi vivía lejos, por lo que temí que no llegara a tiempo para ver a mamá. Habían sido muy compañeras, y sabía que Cindi se sentiría devastada si no llegaba a despedirse.

Recuerdo haber estado sentada en esa salita, diciéndole a Phillip: «Ve a ver si está bien. Ve a ver cómo está». Por supuesto, mi madre no estaba bien. Había muerto de un infarto masivo mientras hablaba por teléfono conmigo. Phillip lo sabía mientras le hacía las maniobras de reanimación, y lo que le había dicho a los paramédicos, que yo no pude oír, era que no la declararan fallecida allí en su dormitorio sino que esperaran a haberla sacado de la casa. Phillip sabe que soy fuerte y puedo enfrentar lo que sea, pero como psicólogo y como la persona que mejor me conoce en el mundo sabía que para siempre asociaría esa casa con la muerte de mi madre si me decían que había muerto allí. También sabía que yo necesitaba tiempo para absorber esta pérdida, que es el motivo por el que se aseguró de que nos dieran una sala aparte donde esperar, antes de que se nos diera la noticia. En verdad, mi padre y mi hermano necesitaban tiempo también, por lo que nos sentamos en esa sala, temiendo lo peor pero orando por un milagro.

Una voz conocida nos sacó del sopor. Corrí al pasillo y vi a Cindi en la sala de espera, con el abrigo puesto todavía, doblada y tomada del borde de una silla de plástico, llorando mientras se le partía el corazón. Entonces supe que mamá había fallecido. Mi otra hermana, Karin, estaba con ella, callada y aturdida. Corrí y les pregunté qué había pasado. Karin dijo que había llegado cuando Cindi se dirigía al puesto de enfermeras. Allí Cindi preguntó: «¿Dónde está la señora Jameson?» Y la enfermera había respondido: «Oh, ¿la mujer que falleció hace un rato?», pensando que Cindi era del servicio funeral. Así fue como Cindi se enteró de que mamá había muerto.

Puse mi brazo sobre el hombro de Cindi y la acompañé a la sala de espera. Es curioso que fuera yo, su hermana menor, quien la consolara. Soy yo la que suele tomar el lugar de quien cuida a los demás y mis hermanas saben que pueden esperar eso de mí aunque sea la menor. Cindi, en especial, lo cual es raro porque cuando éramos pequeños nos trataba a Roger y a mí como si fuéramos sus muñequitos. Pero confío en mi criterio y creo que si tomo el control de las cosas todo irá mejor que si dejo que todo siga su curso. Así que era algo muy natural que consolara a Cindi y acompañara a ella y Karin a la sala de espera.

Nos sentamos y esperamos a que la realidad aflorara. Jamie ya había llegado y todos nos abrazamos llorando, intentando comprender la terrible idea de que nunca más veríamos viva a mamá. Me sentía muy angustiada porque había estado hablando con ella cuando sucedió, protestando y quejándome por el olor feo de la casa mientras ella se estaba muriendo. Cada vez que pensaba en ella preparando el pastel mientras su corazón estallaba, me quebrantaba y comenzaba a temblar y llorar otra vez. Phillip entonces fue sin decir nada hasta un teléfono público y llamó a su madre para que viniera a acompañarme. Éramos muy amigas (y seguimos siéndolo) y él sabía que me consolaría estar con ella. Unos quince minutos más tarde, Grandma Jerry entró en la sala y dijo mi nombre. Levanté la vista y grité: «Oh, Grandma, ¡mi madre ha muerto! ¡Se fue! ¡Mamá se fue!»

Esa dulce y querida mujer dio dos pasos hacia mí y se desplomó de un infarto.

Lo que digo es verdad.

Llevaron enseguida a la madre de Phillip a la unidad cardíaca, mientras yo observaba todo sin poder moverme ni hablar. El ataque había sido leve, y Grandma pronto estuvo fuera de peligro. No pude evitar sentir que tenía algo de responsabilidad y me sacudió la idea de que casi pierdo a dos madres en un solo día.

Bajé la mirada y me quedé mirando el piso. ¿Qué clase de mundo era este? ¿Cómo había llegado aquí? Reconocía a mi padre, a mi hermano, mis hermanas y mi esposo y sin embargo no conocía a nadie. Todos se veían iguales, pero también diferentes. Mamá había muerto y la madre de Phillip estaba en la unidad cardíaca. No podía ser cierto. Pero lo era ¿Qué pasaría con mi padre? ¿Cómo sobreviviría sin mamá? ¿Qué haría yo? ¿Qué haríamos todos?

Algo dentro de mí me decía: *Sobreviviré esto... sobreviviré.* Lo sabía. Creo que Dios no nos da más de lo que podamos soportar, y me aferré a eso con todas mis fuerzas. Me dije: *Robin, hay una razón para todo esto y Él sabe que puedes soportarlo.*

De alguna manera, recuperamos la compostura y volvimos a casa totalmente conmocionados. Comenzamos a llamar a nuestros familiares, y en unas horas comenzó a llegar gente a casa. Recordarán que acabábamos de mudarnos, menos de veinticuatro horas antes. Phillip y yo movimos las cajas contra las paredes para que hubiera espacio donde caminar. Alguien trajo comida, y alguien más llamó a nuestros amigos para saber cómo estaba Jay. Hice espacio, encontré platos y bandejas y me comporté como una mujer eficiente en medio de su aturdimiento. En algún momento la gente comenzó a irse a casa, pero no queríamos que papá estuviera solo en su casa, por lo que Phillip y yo insistimos en que se quedara con nosotros. El lugar estaba bien desordenado y me preocupaba dónde iba a poner a papá.

> Algo dentro de mí me decía: *Sobreviviré esto...sobreviviré.* Lo sabía. Creo que Dios no nos da más de lo que podamos soportar, y me aferré a eso con todas mis fuerzas. Me dije: *Robin, hay una razón para todo esto y Él sabe que puedes soportarlo.*

«Robin, querida», dijo mi padre. «No te preocupes por armar una cama para mí. No voy a dormir. Me sentaré aquí en el sofá». Y salí de la sala pensando: *No puedo ir a dormir dejándolo solo allí.* Lo cual es exactamente lo que necesitaba él en ese momento. Pero como siempre me preocupo por todos, lo hago aún cuando no me necesitan.

A la mañana siguiente cuando desperté, la idea me impactó de manera rotunda: Mamá ya no está. Seguidamente pensé en saber cómo estaba mi padre. Corrí a la sala y allí lo vi, sentado en el sofá. Parecía que no se había movido en toda la noche.

—¿Cómo estás esta mañana, papito? —dije.

—Estaré bien. Tu mamá vino a verme anoche. Lo miré fijamente.

—¿Qué?

—Vino, se sentó junto a mí y me dijo que no me preocupara. Que estaba feliz y que volveríamos a vernos. Y te prometo que estaré bien.

Estaba atónita. Mi padre era el tipo de hombre que, si se le hubiera dicho la semana anterior que su esposa iba a morir y le vendría a decir que todo estaba bien, habría dicho que era una locura. Pero en su voz había fuerza y paz. Sentí esperanzas de que sí estaría bien.

Comenzaron a llegar amigos y más parientes, gente a la que no había visto en años, y apenas reconocía. No recuerdo mucho de ese día, pero sí sé que fue horrible. Estábamos todos impactados y toda esta gente andaba dando vueltas en esta lúgubre casa llena de cajas, preguntando dónde estaba el baño (yo casi ni lo sabía tampoco) e intentando decir algo agradable. Nos turnábamos para ver a Grandma en el hospital, volvíamos a la casa y lidiabamos con los arreglos funerales y elegir el ataúd.

Mis emociones eran un torbellino: en un momento estaba bien, eficiente y tranquila y luego lloraba sin consuelo. Phillip me apartó y sugirió que fuésemos a hablar con el ministro de nuestra iglesia. Era la primera vez que yo perdía un ser querido y Phillip quería asegurarse de hacer todo lo posible por ayudarme. A esas alturas, yo estaba dispuesta a cualquier cosa que aliviara el dolor en mi corazón y además, era una oportunidad para alejarme de la cantidad de gente que había en casa.

Fuimos a la iglesia y nos sentamos con el ministro, que dijo todo lo que se supone que diga un ministro en estas circunstancias. Intentaba consolarme y yo agradecía su esfuerzo, pero lo que más recuerdo era la sensación de temor porque en ese momento, y por extraño que parezca, no estaba tan triste por mí misma como lo estaba por mamá. Las cosas que el hombre decía tenían por intención aliviar mi sufrimiento, y así era, pero recuerdo haber pensado: *¿Qué me pasa? Siento tristeza por mi pérdida, pero aun más por la de ella.* Es que mamá era una mujer tan valiosa. Amaba la vida y siempre estaba feliz, o al menos quería que pensáramos que lo estaba. Lo único que quería es que todos fuésemos felices. Eso era lo que más angustia me provocaba. La idea de que se le había negado la oportunidad de vivir la vida que tanto amaba.

Unos quince minutos después le agradecimos al ministro y salimos. Quizá mamá estaba en un lugar mejor, como decía él. Pero yo sentía en mi corazón y quizá por egoísmo, que no había mejor lugar para mamá que aquí en la tierra con su familia. Le habían robado lo que más quería, el tiempo con sus seres queridos, y a nosotros nos habían robado la oportunidad de pasar más años con ella.

La combinación de dolor, actividades y parientes, convirtió ese día en un recuerdo borroso. Lo que sí recuerdo es que con mis hermanas y mi hermano sentimos gran ansiedad por el funeral, que se realizaría al día siguiente. Además sentíamos terror de que papá comenzara a beber de nuevo. Habían pasado unos seis años desde que se uniera a Alcohólicos Anónimos y mamá había regresado a vivir con él. Pero ahora, con su partida tan repentina e impactante, temíamos que papá ahogara su pena con el alcohol. Me sentía como una niñita otra vez, preocupada: *¿Va a salir para emborracharse otra vez? ¿Será esta noche cuando se mate o mate a alguien?*

Más tarde ese día, sucedió algo así como un milagro. Mi padre nos reunió a Karin, a Cindi, a Jamie, a Roger y a mí junto a él.

«Sé que están preocupados porque creen que volveré a beber, y quiero decirles que no lo haré. Su madre no lo merece y no usaré su muerte repentina y prematura como excusa para beber. Sería un insulto a su memoria, y jamás lo haría».

Uno puede conocer a alguien durante toda la vida y aún quedarse sorprendido. Papá me sorprendió ese día. Nadie es totalmente fuerte o totalmente débil, después de todo. La mayoría de nosotros somos vulnerables y valientes a la vez, y a veces hace falta una crisis para ver de qué estamos hechos. Siempre había percibido a mi padre como débil a causa de todos esos años en que no podía o no quería dejar la bebida. Estaba acostumbrada a sentir pena por él, pero ahora con esta promesa, también sentía respeto.

No recuerdo mucho del funeral, aparte de que había mucha gente en el servicio. Y no fue sino hasta que me senté a escribir este libro que vi que la razón por la que no puedo visualizar el entierro es porque no estuve allí. Recuerdo haber llegado al cementerio, y que todos iban hacia la sepultura. Pero yo no fui porque mi padre se negaba a salir del auto y yo no quería dejarlo solo. Creo que les dije a todos que fueran, incluyendo a Phillip.

Y también recuerdo que volví al auto y que papá decía: «Creo que no puedo hacerlo. No puedo». Y que me quedé con él. Por eso es que no fuimos al funeral. Es que lo único que me importaba era cuidarlo. En retrospectiva, todo tiene sentido: soy feliz cuando puedo cuidar a alguien y no sentía conflicto por no estar en el entierro. Sabía que yo era la única que podía consolarlo. Mientras orábamos juntos en el auto, sabía que mamá habría querido que lo acompañara. Sencillamente, era lo correcto en ese momento.

En mi mente, volví a repasar la muerte de mi madre una y otra vez. Al principio me hacía llorar, pero luego me hizo pensar.

Tenía treinta y un años, había estado casada durante ocho y era madre de un niño de seis. No había nada en el mundo que me fuera más precioso que mi esposo y mi hijo. Así como mi madre siempre había dado prioridad a su familia por sobre sus propias necesidades, yo también lo hacía con la mía. Como la mayoría de las madres, soñaba con los momentos importantes en la vida de Jay y me imaginaba junto a él, orgullosa al verlo crecer y hacerse más fuerte. En mi mente, me veía siempre allí, sonriendo y protegiéndolo, asegurándome de que fuera feliz como lo había hecho mamá por nosotros…

Y entonces, me daba cuenta de repente que mamá ya no estaba.

Yo era madre, y mi propia madre había muerto. Mi hijo crecería sin su abuela y quizá se olvidará de cómo era, o que había existido. Todo en mi vida se había empequeñecido profundamente porque ella ya no estaba. Y se había ido porque nunca se había cuidado.

Fue entonces que vi que amar a tu familia y descuidarte de ti mismo no son la misma cosa. Que si una mujer verdaderamente ama a su familia no debe ni puede descuidarse.

Fue el mismo tipo de revelación que tuve en mi adolescencia al ver que mi padre era alcohólico. Esta vez, vi que mi madre se había convertido en mártir por el bien de su familia y que todos habíamos perdido a causa de ello. Cuando pensaba en ella preparando un pastel

> Fue entonces que vi que amar a tu familia y descuidarte de ti mismo no son la misma cosa. Que si una mujer verdaderamente ama a su familia no debe ni puede descuidarse.

mientras tenía un infarto, sentía que mi corazón también se rompía a causa del dolor. La idea del pastel en el horno, sin comer, en esa casa vacía me dolía tanto que le pedí a Phillip que me llevara allí antes del funeral para tirarlo a la basura porque no podía soportar entrar ahí y verlo.

Parece raro ahora cuando lo pienso: ese pastel fue lo último que tocó mi madre. Lo hizo por amor a mí, y si lo hubiera traído a casa ese domingo, yo habría saboreado cada mordida como el regalo de amor que era. Sin embargo, después de su muerte no podía siquiera pensar en verlo. ¿Por qué? ¿Por qué no me parecía más precioso aún después de su partida? ¿Por qué no quise probarlo y recordar lo bien que cocinaba? ¿Por qué no lo puse en la congeladora como hace la gente con su torta de bodas para preservar el recuerdo del amor que representaba?

La razón, supongo, es que el pastel se había convertido para mí en símbolo del colosal descuido de mi madre con respecto a su propia vida. No podía soportar la idea de verlo, y menos aún comerlo, porque ella le prestaba atención a esto en lugar de haber prestado atención a su salud.

No entendía. ¿Por qué ella? ¿Por qué yo? ¿Por qué nosotros? ¿Por qué ahora, que mi padre ya no bebía y su matrimonio estaba quizá mejor que nunca? ¿Por qué no pude preverlo? Yo era tan intuitiva. Tan perceptiva ¿Cómo es que no vi que mamá necesitaba cuidado, descanso, ayuda? ¿Cómo pude haber sido tan ciega? Quizá si hubiese permitido que viniera esa mañana, como había ofrecido ella, podría haberla salvado.

Sigo diciendo que me gusta tener el control sobre mi vida y que soy bastante buena para esto. Pero la muerte de mi madre y otras pérdidas desde entonces me han enseñado que no importa lo organizados o cuidadosos que seamos, de vez en cuando la vida aún tiene formas de causar que nos arrodillemos. Y nos guste o no, hay cosas que no se pueden controlar. No las puedo controlar yo, ni tú, ni nadie. Hay niños inocentes que sufren, gente trabajadora que pierde su pensión, ciudades enteras arrasadas por huracanes; amadas madres, abuelas, esposas que mueren de infartos mientras preparan pasteles para sus hijas. Podemos lamentarnos todo lo que queramos, pero a la gente buena también les pasan cosas malas y no hay mucho que podamos hacer, excepto elegir cómo responder. Es lo único que podemos hacer. Y en última instancia, esto es lo que importa.

Esto lo percibí temprano en mi matrimonio. Phillip tenía un pariente al que yo no acababa de entender. Un día actuaba como si yo fuera lo mejor que le había pasado a su familia, y al día siguiente, como si fuera una malvada que no merecía vivir. Me confundía porque crecí queriendo que todos se llevaran bien. Cuando uno vive con un padre alcohólico, lo *último* que desea es el conflicto. Así que en las reuniones familiares, yo entraba alegre y amigable hasta el momento en que quizá quedaba a solas con esta persona, que me decía algo feo o crítico que me dejaba confundida, desubicada y dolida.

> Tú no puedes controlar a otra persona. No puedes controlar lo que dicen, lo que piensan, o lo que hacen. Las personas tienen el derecho de pensar y hacer lo que les de la gana. Pero tú tienes el derecho a no tomarlo en serio, y a no reaccionar.

Lo tomaba personalmente. ¿Por qué me trataba así esta persona? No es que quisiera hacer un papelón. Era la familia de Phillip y yo era una nueva miembro. Mi tarea consistía en ser dulce y según lo veía yo, Phillip debía ocuparse de su familia y hacer que me trataran bien. Así que le contaba todo esto a Phillip esperando que dijera: «Robin, eres la persona más amable del planeta y nadie tiene derecho a tratarte así. Voy a ir a arreglar las cosas de una vez por todas».

Sin embargo, Phillip nunca lo hizo. En cambio, decía:

«¿Sabes qué? Esta persona tenía derecho a decirte lo que dijo».

Y cada vez que me decía eso, sentía que me daba una cachetada. Quería contestarle: *Un momentito, amigo, ¡se supone que estés de mi lado!*

Y me miraba y decía: «No, Robin. No me convencerás. Tenía derecho a decírtelo. *Pero tú tienes derecho a no reaccionar*». Cada vez que Phillip me decía eso, me enojaba mucho con él, y fueron muchas veces porque esto sucedió por un buen tiempo. Cuando iba a Phillip para ser consolada, el decía: «No, ellos tienen todo el derecho de decir eso», lo que me enfurecía porque yo pensaba que él estaba diciendo que estaba de acuerdo con esa persona. Pero lo esencial de lo que él me estaba diciendo, cada vez, era: «Tú no puedes controlar a otra persona. Tú no puedes controlar lo que dicen, lo que piensan, o lo que hacen. Las personas tienen el derecho de pensar y hacer lo que les de la gana. Pero tú tienes el derecho a no tomarlo en serio, y a no reaccionar».

«Cuando permites que lo que alguien te dice te moleste, le estás dando tu poder», me decía (en una de sus primeras apariciones personales como Dr. Phil). «Le estás dando el poder de decidir y controlar tus sentimientos y pensamientos. Tienes que pensar: "Tienes derecho a decirlo y a pensarlo. Pero yo tengo derecho a no estar de acuerdo: derecho a no reaccionar, a seguir creyendo lo que sé que es cierto"».

No me gustaba oírlo pero Phillip lo repetía una y otra vez, hasta que en mi mente se encendió una lucecita y vi lo siguiente: *No me está traicionando, ni está de acuerdo con su pariente. De hecho, disiente de él. Pero está tranquilo porque desecha esos comentarios por ser necedades, y él piensa que yo debería hacer lo mismo.*

Y tenía razón. Desde ese día siempre supe que lo que otros piensen de mí o digan no puede influir en lo que yo dentro de mi corazón sé que es verdad. Dudar de mí a causa de lo que otros opinen sería entregarles mi poder, y eso no lo haré. Jamás regalaré mi poder a otros.

Y esto es exactamente lo que hacemos cuando permitimos que la opinión de otros influya en lo que pensamos de nosotros mismos: estamos regalándoles nuestro poder. No lo hagas. No importa lo convencidos que estén tus críticos. Si permites que otros resquebrajen la buena opinión que tienes de ti mismo les estás dando poder sobre ti. Este pariente se sentía en lo correcto al criticarme duramente, pero lo que yo no veía entonces era que la crítica tenía más que ver con él que conmigo. Por alguna combinación de pensamientos ilógicos, de percepciones distorsionadas y eventos desconocidos en la vida de esa persona, estas conductas surgían y en última instancia (irónicamente) no tenían nada que ver conmigo. Cuando acepté el derecho que tenía esta persona a estar en conflicto, confundida, pude restaurar mi propia ecuanimidad. Hoy tengo una relación cálida con esta persona porque, al igual que con mi padre, decidí permitir solamente los aspectos positivos de nuestra relación, rechazando los malos. Vi que no podía controlar al otro, pero sí controlarme a mí misma.

Esta lección me sirvió unos años después, cuando murió mi madre. Vi que era demasiado tarde como para convencerla de que debía cuidarse, pero que no lo era para mí, que podía aprender de su tragedia y prometerme hacer algo al respecto.

Así lo hago. Desde que murió mi madre me cuido como si mi vida dependiera de ello. Me examino los senos en la ducha varias veces al mes. Voy a ver al dentista cada seis meses, y mantengo sana mi boca. Cada año me hago una mamografía, un papa nicolao y un análisis completo. Perdón si insisto demasiado, señoras, pero les digo que si no han visto a un médico en este último año, por favor tómense un momento para pensar en ustedes, en el regalo de vida que Dios les dio y en lo poco que hay que hacer para preservar y proteger ese regalo. Si no están convencidas, piensen en las personas que las aman: maridos, hijos, padres, y piensen en cómo serían sus vidas si ustedes faltaran. Es ese el proceso por el que pasé cuando murió mamá: me imaginé a Jay teniendo que vivir sin mí, y a Phillip teniendo que criarlo sin mí, y me prometí siempre, siempre cuidarme, si no por mí, por ellos.

Tengo solamente cinco años menos de los que tenía mi madre al morir. He sacado las cuentas y según mis cálculos (y la gracia de Dios) creo que todavía me quedan unos treinta o cuarenta años más. Tengo dos hijos que casar, y me imagino unos hermosos nietos para mimar y engreír, y un esposo a quien mimar y engreír, además del trabajo importante con la Fundación Dr. Phil, entre otras cosas y quién sabe qué tipos de oportunidades más para trabajar. Según lo veo no tengo excusa para hacer menos que todo lo posible para poder vivir durante mucho, mucho tiempo.

Así que hago todo lo que puedo, y lo que no puedo lo hace mi médico. Me hago análisis de sangre y el chequeo de mis hormonas con regularidad. He tenido una radiografía de cuerpo completo —un procedimiento sin dolor ni incisiones en el cual una máquina escanea el cuerpo para ver si algo está creciendo donde no debería, además de densitometrías para verificar si no tengo señales de osteoporosis (las mujeres somos vulnerables, en especial si tenemos huesos pequeños o si hemos tenido hijos). Me hice una colonoscopía cuando cumplí cuarenta y cinco años y me haré otra en estos años porque si uno contrae cáncer de colon es fácil de curar, pero si uno espera a tener los síntomas, puede ser mortal. También me hago electrocardiografías las cuales chequean para ver si las arterias no están congestionadas, y controlo mis niveles de colesterol con regularidad.

También cuido mi corazón porque en mi familia hay antecedentes de enfermedades coronarias. Nadie lo sabe mejor que mi hermano Roger. Poco antes de que nos mudáramos a Los Ángeles, había venido de visita cuando comenzó a sentir dolor de pecho. Phillip lo puso en el auto y lo llevó a ver al médico. Le hicieron una prueba de estrés y salió bien, pero el médico, que resultó ser cardiólogo dijo que quería hacerle análisis de sangre para quedarse tranquilo. Roger entonces se levantó la manga y a los diez minutos el médico volvió para decir que sus niveles de enzimas eran tan malos que le harían un angiograma al día siguiente. Resultó ser que una de las arterias de Roger estaba tapada más del noventa y cinco por ciento, y dos días después le hicieron una cirugía de bypass triple.

Entonces también controlo mis niveles de enzimas y muchas otras cosas. No es que hubiera abusado de mi cuerpo antes que muriera mi madre. De hecho, siempre me gustó hacer ejercicio. Pero el día que murió mi madre fue cuando decidí a conciencia mantener sano mi cuerpo no para verme bien, sino por razones de salud. No soy hipocondríaca, ni de esas personas que se ponen mal si no hacen tres horas de gimnasia al día. Pero sí me he hecho el propósito de aprender más sobre mi genética y las condiciones a las que podría estar predispuesta. Mi madre murió de enfermedad cardíaca y mi padre murió de cáncer, así que tengo que tener cuidado con esas dos condiciones.

Esto es un consejo para todos: hay que conocer el historial familiar para tener una idea del futuro que podríamos esperar en cuanto a nuestra salud. Si tu madre y tu hermana han tenido cáncer al seno, tus posibilidades pueden ser más altas que las de una mujer cuya familia no tenga historia de cáncer. Si tu abuelo murió de cáncer al colon no quiere decir que lo tengas o que vayas a tenerlo, pero sí que debes decírselo a tu médico y preguntar cuándo tendrías que hacerte una colonoscopia. (Aviso: no es tan mala la colonoscopía. Si tienes más de cincuenta años y no te la hiciste porque te da vergüenza, deja de actuar como bebé y ve a hacértela. Es tu vida la que depende de ello.)

Tienes que conocer el historial clínico de tu familia y de tu cónyuge, no sólo por tu bien sino por el de tus hijos. Te sorprenderías cuántas enfermedades hay que son hereditarias: la diabetes, el mal de Crohn, algunos desórdenes del sistema inmunitario, enfermedades cardíacas, depresión, desórdenes de ansiedad y cientos de otros problemas con vinculación a la genética. Así que no solamente siento que tengo que cuidar mi salud, sino que debo ocuparme del bienestar de mi esposo y mis hijos. Porque si sufren, física o emocionalmente, haré todo lo posible para aliviarlos. Busco información en la Internet y leo todo lo que encuentro.

También hago lo necesario para sentirme mejor. Cuando tenía unos cuarenta y cinco años comencé con los calores y fui a ver a mi ginecóloga. Le expliqué lo que sentía, por lo que me hizo análisis de sangre y me dijo que fuera a la semana siguiente para repasar los resultados.

Cuando regresé, ella entró al consultorio con un rostro sombrío. Me asusté muchísimo. ¿Qué pasaba? Se sentó, abrió mi expediente y me dio la mala noticia.

«Robin, la vida tal como la conoces ha quedado atrás. Entraste en la menopausia». Meneó su cabeza como para decir: «Oh, pobrecita».

Quedé atónita. La menopausia es parte natural de la vida de toda mujer. ¿Por qué se comportaba como si fuera una tragedia? Es verdad que no sabía yo mucho sobre esta transición y sin embargo, me sentía un tanto ansiosa, abrumada. Pero me parecía que esta parte de mi vida no debía tener nada de trágico. Entonces, me sorprendió que me prescribiera muchos medicamentos.

—Compra todo esto y comienza a tomarlos ya mismo —dijo.

—¿Qué es todo esto? —pregunté.

—Hormonas sintéticas. Créeme, te harán falta.

Miré las hojas de papel tratando de entender su letra: estrógeno, progesterona, testosterona, DHEA, un antidepresivo. Quedé apabullada.

—¿Les das esto a todas tus pacientes?

—A todas las que pasan por la menopausia.

No soy doctora, pero me parecía raro que todas las pacientes con menopausia necesitaran los mismos medicamentos. Se lo dije, y parece que di en el clavo.

«Créeme. No tienes idea de lo que te espera». *No todavía, pensé, pero mañana a esta hora lo sabré.*

«Mira», le dije, «preferiría pasar por esto de manera natural. Yo voy a un acupunturista y a un homeópata, y creo que los veré antes de comenzar a tomar estos remedios». Esta vez me miró con mucha pena.

«Mira, Robin», dijo, «si no tomas esto vendrás a verme dentro de tres meses, rogando que te ayude». Y entonces pensé: *No. No soy de las que ruegan.*

Le agradecí y salí con la lista de medicamentos en mi bolso. Quizá entré como una mujer menopáusica, pero salí como una mujer con una misión.

Ese día me hice cargo de mi salud, de conocer mi cuerpo y qué necesito para estar sana. Y recomiendo a todas las mujeres que hagan lo mismo.

Ese día decidí convertir esta etapa de mi vida en algo positivo y a causa de ello creo que hoy soy más sana que antes. Ese día me hice cargo de mi salud, de conocer mi cuerpo y qué necesito para estar sana. Y recomiendo a todas las mujeres que hagan lo mismo.

No esperes hasta la mediana edad, porque cuanto más pronto te cuides mejor tus chances de gozar de buena salud al envejecer. Y si ya estás en la mediana edad, nunca es tarde para mejorar tu salud.

Hoy, cada vez que surge un tema de salud que me interesa, voy a la biblioteca o a la librería, y compro todos los libros que puedo. Compro comida sana (se aprende mucho de los vendedores en estas tiendas), hablo con farmacéuticos (saben mucho sobre medicamentos y sobre los médicos que los prescriben) y leo todas las revistas, periódicos, panfletos y folletos que puedo para aprender a cuidarme y cuidar a mi familia.

> Creo que una mujer que se cuida está siendo buena esposa y madre porque aumenta sus posibilidades de seguir viva y sana para cuidar de su familia.

No lo hago porque pienso que puedo controlarlo todo. Lo hago porque sé que no puedo. Conozco a muchas mujeres que no se cuidan porque piensan que es egoísta gastar dinero en un médico o en relajarse. Sin embargo no estoy de acuerdo con ellas. Creo que una mujer que se cuida está siendo buena esposa y madre porque aumenta sus posibilidades de seguir viva y sana para cuidar de su familia._

La muerte de mi madre me enseñó eso. Después de su muerte, mi sensación inicial de desamparo dio lugar a un sentido de poder personal. Pude ver que en todo suceso hay una cantidad de respuestas posibles, y que elegir cuál adoptar definiría quien soy. No hablo de eventos que transforman tu vida. Hablo de cosas cotidianas, de interacción, de cosas que uno hace con sus seres amados, de lo que hacemos con nuestros maridos.

En esos días y semanas posteriores al funeral, muchas personas se acercaron trayendo comida, flores, enviando tarjetas, pero más que nada, recordándome que aunque mamá ya no estaba yo no estaría sola. Esto me conmovió profundamente. Después de que enterramos a mi madre y todos se fueron, le dije a Phillip que era importante para mí sentarme a escribir notitas de agradecimiento a todos los que habían venido a honrar la memoria de mamá. Quería que supieran que su afecto significaba mucho para mí, y quería hacerlo mientras el sentimiento estaba fresco todavía. Phillip dijo: «Claro que sí».

Fui a la tienda, compré cajas y cajas de papel de carta de color crema y me senté en la mesa del comedor. Durante cuatro días estuve allí, en esa sala con olor a humedad, escribiendo cartas y notas a mano. Agradecí a todos por venir y luego lloraba mientras escribía sobre mi madre y lo maravillosa que era. Me levantaba por la mañana, llevaba a Jay a la escuela, despedía a Phillip cuando se iba a trabajar y luego me sentaba a escribir, durante el día entero, haciendo pausas sólo para cocinar y para acostar a Jay. Fue una experiencia terapéutica para mí porque pude pensar en mi madre en el contexto de toda esta gente que la había conocido. Me dio la oportunidad de pensar en ella no sólo como madre mía sino como amiga, vecina, pariente y colega de tantas personas, que la habían conocido de manera diferente a la que la conocía yo. Escribía y lloraba, y luego iba a dormir y al día siguiente todo comenzaba de nuevo.

Finalmente terminé de escribir todas las notas. Puse la estampilla en cada sobre, luego todos los sobres en una bolsa y se la di a Phillip, diciendo: «Si las pones en el correo mañana desde la oficina, podré comenzar a vivir sin mi madre». Y él, tomando la bolsa respondió: «Claro que lo haré».

Mi dolor era tan enorme, tan abrumador. Sentía que tenía que poner límites para que no tomaran control de mi vida. Así que me di permiso para afligirme mientras escribía las cartas y notas, para la satisfacción de mi corazón, literalmente. Me dije que podría sobreponerme al dolor si lo sentía con cada letra que escribiera. Porque entonces, al terminar de escribir sobre mi madre, llegaría el momento de comenzar a vivir sin ella. Fue duro. Habían días en que lloraba cada diez minutos, pero me comprometí a ir avanzando día a día sin ella, porque es lo que mi madre hubiese querido. Así eso es lo que hice.

Una mañana, unas tres semanas después mientras Phillip estaba duchándose, levanté su bolso de tenis y lo puse sobre la cama. Phillip en esa época tenía su consultorio y al terminar el día de trabajo iba a jugar al tenis antes de regresar a casa. Yo siempre le preparaba el bolso, poniendo sus zapatillas, pantalones cortos, medias y camiseta para que lo llevara al trabajo. Me di cuenta de que no lo había hecho hacía un tiempo y sentí que quería volver a mi rutina de antes.

Tomé su ropa de tenis y la estaba poniendo en el bolso cuando sentí algo en uno de los bolsillos laterales. Pensé: *¡Ay! seguro que es una camiseta transpirada, que quedó allí desde que vacié el bolso la última vez*. Abrí el bolsillo y metí la mano, y lo que encontré fue la bolsa llena de notas de agradecimiento.

Mi corazón se rompió. Sentí que mi madre moría de nuevo.

Comencé a llorar. Mientras lloraba, extrañando a mamá, Phillip salió del baño, me miró y miró las notas y se quedó con el rostro aterrorizado.

«Oh... Dios mío...» dijo casi en un susurro. «Olvidé ponerlas en el correo».

Yo estaba ahogándome en sollozos.

«¡Y yo pensé que todos las habían recibido! ¡Pensé que lo sabían! Phillip, en la calle o en las tiendas, vi a toda esta gente y nunca les dije «gracias» porque pensé que habían recibido las tarjetas. ¡Creí que todos las habían recibido ya!»

El pobre me miraba, pálido y atónito.

Yo estaba tan dolida. Tan enojada. Hecha pedazos otra vez. No solamente me había sentido bien agradeciendo a cada uno por su consuelo, sino que escribirles sobre mamá e imaginarlos leyendo lo que había escrito había sido parte de mi proceso de sanación. Había visto a esta gente en la ciudad y me había consolado saber que había habido comunicación entre nosotros, que había reconocido y apreciado sus condolencias, expresando mi gratitud por su afecto, habiéndole contado un poco más sobre mi madre para que la conocieran más que cuando vivía.

Creo que es importante hacerle saber a la gente cuando te han consolado. Porque cuando me sentí acosada por el dolor de mi pérdida, esta buena gente me había consolado con una compasión y amistad que brindó un gentil apoyo a mi corazón. En ese momento sentí que escribía para devolver algo de su bondad y compasión, de puño y letra, con anécdotas que relataban lo maravillosa que había sido esa mujer que era mi madre. Entonces, al ver a la gente podía imaginar que compartíamos algo, pensando: *Somos afortunados, tú y yo, porque compartimos este secreto de lo extraordinaria que fue mi madre y lo mucho que lamentamos haberla perdido.*

Pero ahora, también había perdido esa ilusión. No había nada compartido entre nosotros, ningún secreto.

Me sentía como una de esas palmeras que muestran los noticieros del pronóstico del tiempo, arrastrada por un huracán emocional que podía derribarme en cualquier momento. Me sentía devastada, triste, impactada, enojada y también traicionada: *Y yo, que pensaba que para ti era importante que pudiera sentarme a escribir todo eso, porque me lo dijiste ¿Cómo pudiste olvidarte?*

Ese era el meollo del asunto: ¿Cómo podía importarle tan poco? ¿Cómo podía pensar este hombre que me conocía, si no veía lo mucho que valían para mí esas cartas? ¿Cómo podía pensar que me amaba si ni siquiera pudo recordar hacer algo tan importante?

Lo miré. Vi que Phillip estaba en el mismo lugar todavía, diciendo en voz baja: «Cancelaré mis pacientes y pasaré el día entero... los llamaré... Haré una lista y llamaré a todos. Conseguiré sus números de teléfono. No, mejor iré... sí, eso haré. Iré a entregar las notas personalmente. Dámelas, nada más. Dámelas e iré ahora mismo, Robin. Haré lo que sea. Por favor, por favor permíteme enmendar esto».

Entonces, se me derritió el corazón y pensé: *Bendito sea.* Este hombre tan precioso para mí está devastado, como lo estoy yo. Y de repente supe que lo que sentía él me importaba más que lo que sintieran los destinatarios de las notas. Pensé: *Sufre mucho más por no haber enviado las notas de lo que sufren ellos por no haberlas leído. ¿Qué gano con castigarlo con mi enojo? ¿Qué beneficio obtengo al hacerlo sufrir más todavía?*

Fue un momento poderoso en mi vida personal y decisivo en nuestro matrimonio porque tuve la oportunidad de mostrarle a ese hombre quién era yo en realidad, a ese hombre que años atrás me había dicho: «La gente tiene derecho a pensar y decir o hacer lo que quieran. Y tú lo tienes a decidir no reaccionar».

Yo tenía derecho a protestar, enojarme y gritar y hacer que Phillip se sintiera horriblemente mal. *Tenía derecho a conducirme de ese modo, pero no es eso lo que soy.* En cambio aproveché la oportunidad para mostrarle lo que sí soy: una mujer compasiva y con capacidad de perdón, que lo ama no importa qué pase y que lo perdona, venga lo que venga. Así que lo miré a los ojos, esos ojos tan tristes, secando mis lágrimas con la manga de mi saco.

«Sé que no lo hiciste a propósito», dije. «Las pondremos hoy en el correo y las recibirán mañana. Te amo y sé que me amas, y también sé que no lo hiciste a propósito».

Y la mirada de gratitud en sus ojos me mostró que se sentía afortunado. Pienso en ese momento como en aquel cuando Phillip se enteró de cuánto lo amaba, y de que mi compromiso con él era más fuerte que cualquier error que pudiera cometer. Creo que fue entonces que supo que podía confiar en mí, y jamás lo olvidó.

> Cada día nos ofrece la oportunidad de elegir entre el enojo y la comprensión, la amargura y la aceptación, la oscuridad y la luz. Y las decisiones que tomamos revelan de qué estamos hechos.

Tampoco yo he olvidado lo que aprendí ese día sobre la naturaleza del amor, la misericordia y el perdón y su rol en un matrimonio que funciona. Phillip merecía mi compasión, por lo que pude sentirla por él. Créeme, si me hubiera visto llorando junto al bolso, y hubiese dicho: «No es para tanto. Dámelas y las enviaré hoy», entonces ¡Ahhh! mi departamento de compasión habría estado cerrado. Pero él no midió mi reacción según sus propias emociones porque sabía, y sabe, que no soy él. Ninguno de los dos pensamos ni sentimos de manera idéntica, y la profundidad de nuestro amor está justamente en nuestra aceptación, y no en la negación, de nuestras diferencias.

¿Cómo podía haberse olvidado de enviar esas notas? La respuesta es simple: lo olvidó porque no eran tan importantes para él como para mí, y porque no le pesaban tanto en la mente y el corazón como me pasaban a mí. De ningún modo podían serlo. Phillip tiene muchas formas de expresar gratitud, pero las notas de aprecio y agradecimiento no están primero en su lista. Lo cual es precisamente lo que quiero decir: los sobres eran nada más que sobres para Phillip. Para él no eran lo que representaban para mí: una preciosísima colección de recuerdos de mi madre, para compartir con las personas que habían honrado su memoria, consolándome en ese momento. El no enviarlas no quería decir que no me amara ni respetara mi dolor. Había olvidado hacer un mandado, y por eso merecía que lo perdonara.

Yo creo en el perdón. Creo que así como Dios promete perdonarnos, quiere que nos perdonemos los unos a los otros. Cada día nos ofrece la oportunidad de elegir entre el enojo y la comprensión, la amargura y la aceptación, la oscuridad y la luz. Y las decisiones que tomamos revelan de qué estamos hechos.

En la oscuridad que me ahogaba cuando murió mi madre, elegí encender una vela cuando prometí no descuidarme de mí misma como lo había hecho ella. Y en las raras ocasiones en que Phillip y yo tenemos un desacuerdo, intento recordar que lo que podría verse como una pelea en realidad es una oportunidad para mostrarle a mi esposo quién soy yo. Créeme que aprovecho cada una de esas oportunidades. Es una opción que todas tenemos y debemos saber aprovechar. Depende de nosotras.

Capítulo 6

EL CORAZÓN
DE UNA ESPOSA

Elijo hacer lo que hace feliz a mi esposo

Siempre estoy entre el público del programa de Dr. Phil, desde que salió al aire hace ya cuatro años. Y me encanta. No me lo perdería por nada en el mundo.

Me encanta porque este programa, el trabajo de mi esposo durante ese tiempo, es la pasión de su vida. Es su vocación y me ha pedido que esté con él, y para él. Me encanta que él quiera que esté allí, y me gusta poder hacerlo.

Sí, hay muchas otras cosas que podría hacer con mi tiempo, pero ninguna significa más para mí que estar allí en el estudio porque comparto la pasión de Phillip por su importante trabajo. Y me encanta verlo trabajar. Le gusta el programa y hay pocas cosas que me gusten más que verle hacer lo que a él le gusta. En los últimos años también he podido contribuir con mi granito de arena. Seamos sinceras: el Dr. Phil podría afinar su lado femenino de vez en cuando.

El programa del Dr. Phil no es solamente el trabajo de Phillip, sino parte de la estructura de nuestras vidas. Es la razón por la que decidimos dejar la familiaridad de nuestras vidas en Texas, y cambiarla por el ambiente más ajetreado en que vivimos hoy, y la mudanza fue decidida entre ambos del mismo modo en que hacemos todos los cambios en nuestro matrimonio.

No es todos los días que a tu esposo le dan la oportunidad de protagonizar su propio programa de televisión. Y aunque creo que hacer el programa fue una oportunidad especial para mi esposo, también había que pensar en otras personas, en Jordan específicamente. Tenía quince años cuando el programa llegó como posibilidad concreta y sabíamos que salir de Dallas para ir a Los Ángeles significaría para él un esfuerzo de adaptación que podría ser difícil para un adolescente. Jay acababa de graduarse y pensaba estudiar derecho, así que ya era más independiente. Pero Jordan todavía vivía con nosotros y tenía un grupo de amigos y una cantidad de actividades que debería dejar atrás si nos mudábamos.

Phillip y yo nos sentamos a conversar y considerar las opciones, que incluían la posibilidad de rechazar esta oportunidad y quedarnos en Dallas. Decir que sí y mudarnos a Los Ángeles era otra, y decir que sí separándonos de Phillip mientras Jordan y yo quedábamos en Dallas era la tercera opción. Esta última fue descartada por completo, así que nos quedaban las otras dos: aceptar y mudarnos o renunciar y quedarnos donde estábamos. Aunque Phillip deseaba hacer el programa, ambos estuvimos de acuerdo en que era uno de esos casos en que primero está el resto de la familia. Por lo tanto, nos sentamos con Jordan y le dijimos que no nos mudaríamos a menos que nos convenciera de su apoyo. Resultó que a Jordan le encantó la idea de vivir en Los Ángeles. Sabía que tendría que adaptarse, pero también tendríamos que hacerlo nosotros. Así, podríamos hacerlo todos juntos.

Estábamos todos muy entusiasmados por mudarnos a California, así que te podrás imaginar mi sorpresa cuando me di cuenta que no todos lo estaban: «Oh, sus vidas serán un libro abierto ahora» decían muchos. «Todos los conocerán y esto les cambiará la vida. Se volverán fríos, duros y amargados, ya lo verán». Quedé impactada ante la actitud negativa de muchos frente a esta nueva aventura. Y pensé: *No, nadie, nada podrá cambiar lo que hemos creado en nuestras vidas.* Y me alegra decir que después de cuatro años seguimos siendo los mismos que cuando nos mudamos, y eso se debe a que lo decidimos así.

Ahora, te preguntarás cómo una familia puede reubicarse, saliendo de una vida de relativa oscuridad en Dallas a otra de gran visibilidad en Los Ángeles, y no cambiar. El hecho es que mucho de lo que nos rodea sí cambió: Phillip trabaja en un estudio de filmación y no en un consultorio, y por primera vez yo voy con él. Vivimos en una casa reforzada en contra de terremotos en lugar de tornados, y pocas veces necesitamos planes alternativos en caso de lluvia. Nuestra casa de California se siente muy distinta a la que teníamos en Texas: es de estilo renacentista italiano, mientras la otra era estilo mediterráneo francés. Esta tiene armarios y estantes de madera en tanto la otra tenía un estilo más informal. Pero yo diseñé y decoré las dos, desde los pisos (mosaicos) hasta los cielorrasos (con bóveda) y aunque son diferentes, ambas me reflejan a mí y ambas se sienten como nuestro hogar (también parece que ambas huelen a hogar, según dice Phillip).

Otra de las razones por las que esta casa se siente diferente es que Jordan ya no vive aquí. Hay más silencio que antes en las noches y a veces extraño el ruido que produce un adolescente que ensaya con su guitarra. Por otra parte ya no me siento obligada a cocinar todas las noches, por lo que Phillip y yo muchas veces comemos comida que pedimos por teléfono y nos la traen en auto, y no me quejo (tampoco él). De manera que sí, hay aspectos externos que son distintos. Sin embargo la esencia de nuestra familia y el centro de nuestro matrimonio permanecen constantes no importa dónde vivamos o qué hagamos: nada ni nadie cambiará quienes somos.

Y no es que no lo haya intentado la prensa amarilla. Al leer algunas de las cosas que publican uno pensaría que aquí nos hicieron un tratamiento de cambio de personalidad. No sé de dónde sacan las ideas, y sospecho que será en una sala de conferencias con periodistas que necesitan sensacionalismo, pero puedo decir que más del noventa por ciento de lo que publican en los tabloides o libros basura es ficción ridícula.

Por ejemplo, un día llegó nuestro publicista para hablarnos de unos artículos que se publicarían en pocos días más. Por lo general tenemos alguna idea de cuál es la fantasía de la semana, pero no comentamos las historias y ya ni las leemos. Al principio nos molestaban pero pronto nos volvimos más resistentes. Bien, ese día el publicista viene y dice: «Robin, publicarán la semana que viene que detestas este lugar porque te sientes sola y aburrida y porque extrañas a tu liga de embusteras bunco y porque te gustaría haber tenido una hija».

Lo miré y dije: «Oh, sí, me encantaría haber tenido una hija (a veces) pero me encanta este lugar. Y ¿de qué grupo de bunco me hablas? ¿Qué es bunco? Espero que incluya champaña». Lo buscamos en el Internet y allí vimos que el bunco es un juego de dados que data de 1850 más o menos (la champaña es opcional). Sonaba divertido, pero no lo conocía y por supuesto, nunca había jugado este juego.

Claro que la historia apareció publicada, y me describía como aburrida y aislada, extrañando a mis amigas, vagando por las calles de Beverly Hills, golpeando puertas como un perro hambriento y preguntando a todos «¿Juegas al bunco?» Y también decía que las mujeres salían y me miraban como diciendo: «¡Oh! ¡Tonta chica de Dallas! Esto es Beverly Hills y aquí no se juega al bunco».

Lo que sea. Cuando vives expuesta al público, debes aprender a que te resbalen los ataques. Y esto lo aprendí, con ayuda de mi querida amiga Oprah.

A veces estos periódicos publican que el Dr. Phil está en guerra con Oprah. Pero les digo que jamás podríamos haber conocido a una mujer más dulce que Oprah Winfrey, y que jamás han discutido por nada. Ella se siente muy orgullosa de nosotros. Es bondadosa y muy generosa, en todo sentido.

Fue Oprah, después de todo, quien invitó a Phillip a aparecer en la televisión nacional por primera vez (se conocieron a mediados de la década de 1990 cuando unos ganaderos de Texas le hicieron juicio y sus abogados contrataron a la compañía de Phillip para ayudarles a prepararse. Oprah ganó el juicio). Fue idea de ella que Phillip pudiera tener su propio programa. Y muestra su carácter que cuando le ofrecieron a Phillip hacer su programa y supimos que nos mudaríamos al oeste, reaccionó como una madre cuando sus hijos van a la universidad, manteniéndose en contacto en todo momento.

Recuerdo que nos llamó cuando llegamos y preguntó cómo estaba yo. A la semana siguiente, lo mismo: «¿Estás bien? ¿Necesitas algo?» Gracias a Dios no tiene por qué preocuparse: a mí me encantan los cambios y a Phillip este lugar le agrada muchísimo. Esto muestra lo dulce que es Oprah, y lo molesto que es que publiquen una historia donde Phillip aparece peleando con esta mujer que es su compañera, su socia, su defensora y una de mis más queridas amigas.

Recuerdo una de esas historias de riñas que se publicó apenas llegamos aquí. Llamé a Oprah para decirle que me sentía muy mal porque a la gente le hacían pensar que ella y Phillip se peleaban todo el tiempo. Y me dijo: «Robin, esto es lo que hacen. Se sientan alrededor de la mesa el lunes por la mañana y dicen: «Bien ¿de quién escribimos esta semana? ¿Qué será lo más caliente?» Y me explicó que si no hay chismes de verdad, como que una estrella de cine huye con la niñera, o que aparece alguna estrella bien flaca diciendo que en nueve meses más sí necesitará una niñera, dirán: «No está pasando nada esta semana. Bien ¿quién es popular? ¿Sobre quién podemos escribir?» Y que comienzan a tirar nombres y a inventar historias.

Lo cual logran con resultados a veces graciosos. La favorita de Phillip es una supuesta investigación sobre cómo el Dr. Phil y Robin podían haber estado casados durante treinta años y seguir viviendo felices luego de mudarse a Hollywood, la capital mundial del divorcio. Y la respuesta era que él me escribe canciones de amor y me las canta mientras yo me baño, sentado sobre el borde de la bañera (y yo, tapada por la espuma, claro). Ahora ¿cómo podría alguien saber qué hacemos en el baño? Sin embargo, la historia era confirmada por «fuentes cercanas a Robin y el Dr. Phil». Una de las primeras lecciones que aprendimos cuando nos mudamos a Los Ángeles, fue que cuando las historias son confirmadas por «fuentes» y no por personas con nombres reales, significa que la historia es inventada.

Pero ¿sabes qué? La aventura que vivimos aquí compensa en mucho todo aquello a lo que nos tuvimos que adaptar. Me gustan los cambios, nunca viví en la misma casa durante más de cinco años, y me entusiasman los cambios que hicimos desde que llegamos aquí.

Producir una serie diaria de TV no es un empleo normal, donde uno trabaja, va a casa y se olvida del trabajo hasta el día siguiente. Salvo cuando duerme quizá, Phillip piensa en el programa todo el tiempo, sea en el tema del día siguiente, o en los invitados o las formas de hablar de los problemas que tienen.

La gente que viene al programa es gente de verdad, sus problemas son reales y han estado sufriendo durante años, o quizá durante toda su vida antes de que se sienten delante del Dr. Phil. Su aspecto no es ensayado, ni tampoco su forma de actuar, así que lo que se ve es totalmente espontáneo.

Dicho esto, Phillip sí se prepara muy bien. ¡Hace la tarea! Trabaja con los productores para decidir qué temas se tratarán, a qué invitados incluir, y qué enfoque quieren que tenga cada programa. Estudia cintas grabadas de los invitados junto con un cuaderno con datos recopilados por su personal conteniendo entrevistas personales y familiares de los invitados y mucha información sobre el trasfondo del desarrollo de dichos individuos.

La noche anterior a cada grabación Phillip se encierra en su estudio durante cuatro o cinco horas hasta estar familiarizado con la dinámica de cada invitado. Con frecuencia consulta a distinguidos expertos de universidades y centros importantes del país, lo cual incluye a la junta de consejeros del programa del Dr. Phil. Yo suelo unirme a él en el estudio mientras se prepara y me gusta escucharlo, en especial respecto al punto de vista femenino. Cuando termina la noche comprende bien los problemas de los invitados del día siguiente y cómo piensa tratarlos, pero no es sino hasta que los ve y conversa con ellos en el escenario que llega a tener una visión más completa de quiénes son y de cómo puede ayudarlos.

Phillip será el primero en decir que su objetivo en el programa es la educación y no la terapia. Obviamente, no se puede hacer psicoterapia en veinte minutos, y menos con las pausas publicitarias. Su esperanza es que todos los días la gente sintonice un programa donde vean a un invitado con algún problema que puede ser el suyo, y que allí obtengan ideas de cómo poder enfrentar mejor lo que les pasa. Eso es lo bueno del programa, que la gente que está en casa se beneficie tanto o más que los invitados.

Respeto mucho a las personas que vienen al programa. Creo que son valientes, llenas de inspiración y que buscan aprender cómo vivir una vida mejor. Terminan no sólo ayudándose a sí mismas sino también a muchos otros. Phillip y yo creemos que el programa está entre aquellos que representan el más elevado y mejor uso de la televisión. Él brinda información en base al sentido común a la gente que está en sus casas, todo gratis. Jamás espera que la gente acepte sus consejos en lugar de los propios, pero sí quiere que piensen. Me conmueve leer las miles y miles de cartas que recibimos cada mes, donde la gente cuenta cómo cambiaron sus vidas.

Cuando Phil hace un programa para padres y madres, por ejemplo, recibimos cartas de gente que dice cosas como: «Hasta que vi ese programa, no me había dado cuenta de lo que le estaba haciendo a mis hijos. Dios le bendiga, por esta llamada a la conciencia que tanto necesitaba». Me siento bien por dentro porque sé que quizá un niño recibirá un beso o un abrazo en lugar de crueldad y dolor. Sé que todo lo que Phillip ha hecho hasta hoy tenía como designio prepararlo para este momento.

Y después de cuatro años de programa sigo asombrándome de la habilidad y pasión que tienen él y su personal, al crear televisión de importancia. La gente invitada muestra a las claras que necesita estar allí y aunque tienen historias diferentes, lo que tienen en común es que quieren una vida mejor.

Me encanta estar allí todos los días y me estoy acostumbrando a la cámara que me toma en primer plano cuando Phillip decide que quiere preguntarme algo durante la grabación. Por ejemplo cuando hay un esposo que insulta a su esposa y Phillip dice: «Bien, tengo que decirles que si le hablara así a mi esposa, cosa que nunca hice y que nunca haré, pero si lo hiciera, lo haría una sola vez porque ella no me permitiría repetirlo». Y entonces me enfocan, en primer plano, asintiendo como si dijera: *Así es, amiguito.* Por eso siempre llevo el micrófono puesto porque si Phillip me pregunta algo, nadie me oiría si no lo tuviese. Sé que no soy experta en nada más que mi propia experiencia, pero si puedo contribuir, me encanta hacerlo.

También creo que mi presencia es valiosa porque Phillip es hombre. Muchas de las personas que lo miran ven mujeres, y muchos de sus programas tratan de problemas de mujeres, así que yo soy algo así como «del mismo palo». Claro que Phil ha vivido con una mujer menopáusica, yo, ¡pero hay momentos en que necesita una buena dosis de perspectiva femenina! A veces, mientras avanzamos hacia el estudio de grabación me dice: «Hoy voy a hacerte una consulta cuando hablemos de las relaciones padre-hija ¿está bien?» La primera vez que me lo dijo me agité y estaba tartamudeando: «¿Qué? ¿Qué quieres decir? ¿Y yo qué digo?» Phillip me dijo que fuera sincera y hablara desde el corazón y eso hice. Ahora me siento más cómoda que hace cuatro años, pero aún así uno se siente intimidado por la cámara, cuando todo el mundo te observa. Siempre pienso: *Oh, Dios mío, no quiero sonar como una estúpida. No quiero ofender a nadie.* Pero finalmente digo lo que siento y creo. Y a veces no tengo tiempo para preocuparme si sueno estúpida porque Phillip no me advierte con anticipación. A veces, se vuelve hacia mí y dice: «Esta es Robin, y sabe bastante de este tema», y de repente la cámara me enfoca y me veo enorme en el monitor.

Y les digo que hay que acostumbrarse: las cosas se ven mucho más grandes en cámara de lo que lo son en realidad. Por ejemplo, el cabello. Pasé la primera temporada intentando deshacerme del cabello estilo Texas. Tengo tanto cabello que un buen corte me dura solamente tres semanas. Si espero más que eso, parezco una leona. No lo levanto ni lo bato a propósito. Mi cabello es así, y aún hoy cuando me toca ir a cortarme el cabello y si me enfoca la cámara, todo lo que se ve es una carita diminuta en medio de una melena.

Me peino en casa, todas las mañanas con ruleros de Velcro porque mi cabello es demasiado pesado como para que lo aguante un ondulador. También me maquillo aunque si sé que vamos a grabar el programa *Pregúntale al Dr. Phil y a Robin* dejo que Tina o Mimi, maquilladora y peinadora de Phillip, me hagan algunos retoques. Dicen que yo sé peinarme y maquillarme bien, pero la cámara es tramposa. Lo que se ve bien en la vida real se puede ver horrible en televisión, y esta gente es experta en conocer las diferencias.

Por eso los programas de televisión tienen expertos en maquillaje, peinado y vestuario. Saben cómo arreglar el aspecto de la gente para que en cámara se vean normales, y nadie se ve normal en cámara a menos que alguien experto trabaje en su aspecto. Phillip tiene un armario lleno de trajes muy buenos que le quedan perfecto cuando salimos a cenar o vamos a la iglesia, pero que no sirven para el programa porque el corte o la tela (o ambas cosas) no se verían bien. Todos los trajes que usa Phillip en televisión están hechos a propósito con ese fin y se guardan en el estudio donde se ocupa de ellos Becca, su estilista de vestuario. Ella se ocupa de que estén limpios, planchados y listos para que Phillip se los ponga antes de grabar.

> Creo que gran parte del éxito de un matrimonio está en que cada uno busque hacer aquello que satisfaga las necesidades del otro.

Eso es algo que tiene Phillip: cuando se trata del vestuario, mientras se vea bien no le importa un bledo lo que se ponga. Tiene el sentido del gusto en la boca y nada más, por lo que siempre confió en mí para que le ayudara a vestirse. Hace años cuando viajaba por motivos de negocios y yo me quedaba en casa con los niños, le escogía la ropa y la empacaba para que supiera qué ponerse con qué cosa. Si iba a Chicago el lunes por la noche para aparecer en el programa de *Oprah* al día siguiente, yo escogía un traje, la camisa y la corbata, y los ataba con una cinta de modo que supiera que esto iba todo junto. Si necesitaba más ropa, también ponía otros conjuntos con el cinturón y las medias que combinaran en el bolsillo. Hasta ponía etiquetas en los zapatos «día 1», «día 2», para que no se equivocara.

Recuerdo que una vez Phillip estaba viajando a un lugar para dar una charla y yo iba con él, así que empaqué todo junto en la maleta, porque luego en el hotel armaría los conjuntos. Pero a pocas horas de nuestra llegada me dio la influenza y tuve que quedarme en cama. Al día siguiente Phillip no quiso despertarme, por lo que se vistió solo y se fue a dar la charla. A media mañana desperté y pensé: *Oh... ¿qué se habrá puesto?* Y corrí al armario. Adivinen... Se había puesto la camisa, la corbata y el traje que no combinaban. Tenía dos trajes para escoger, y él escogió el equivocado (creo que solamente combinó los zapatos, pero en esa ocasión me parece que había sólo un par).

Ahora, hay hombres que se preocupan mucho de cómo se visten e insisten en escoger su propia ropa. Si Phillip fuera así, yo aceptaría lo que escogiese. Pero como nunca fue así ¿por qué no voy a ayudarlo? Me encanta cómo se ve cuando está bien vestido y me gusta ayudarlo a verse bien. Creo que gran parte del éxito de un matrimonio está en que cada uno busque hacer aquello que satisfaga las necesidades del otro. Y en mi experiencia, los hombres son bastante obvios para mostrar lo que necesitan. Las mujeres solamente tenemos que aprender a leer las señales.

Los hombres son distintos a nosotras. No nos van a tomar de la mano para decir: «Querida, quiero hablarte de lo que estoy sintiendo en estos días» pidiéndonos que hagamos tal o cual cosa. Olvídalo. Lo que sí harán es salir de la ducha veinte minutos antes de que tengas que estar en alguna parte, diciendo: «¿Qué te vas a poner esta noche?» No importa si tienes sobre la cama lo que piensas ponerte junto a todo lo demás que descartaste. Porque no es que te esté preguntando qué te pondrás, sino que quiere saber qué ponerse él. Es un código masculino que usan para hacernos saber que necesitan ayuda, sin pedirla exactamente. De ese modo, sus necesidades se satisfacen sin que tengan que admitir que necesitan algo.

Pero los hombres tienen necesidades, por supuesto, y considerando todo en general, son bastante buenos en publicar la información para que nosotras la encontremos. Lo que me asombra es que hayan tantas mujeres que no entienden las señales que sus hombres les mandan, o peor todavía, que sí las entienden muy bien pero deciden ignorarlas como si redujera su poder para ayudar.

Conocí a una mujer que siempre peleaba con su esposo. No es que se gritaran o discutieran, pero parecía que esta mujer tenía una necesidad innata de provocarlo continuamente. No lo entendía porque jamás lo había oído decir nada desagradable ni irrespetuoso de ella. Parecía un tipo bastante decente. Pero su felicidad no estaba en la lista de prioridades de la esposa.

Recuerdo que una vez, ella estaba en casa mientras su marido había ido de pesca. La mujer me decía que a él le encantaba reunirse con sus viejos amigos una vez al año, y que alquilaban un barco para pasar una semana pescando. Dijo que el esposo volvería esa tarde, porque la semana ya acababa. Miré el reloj y vi que eran más de las tres.

—Me parece que será mejor que te vayas ahora, porque si no, no estarás en casa para cuando él llegue.

—No importa, dijo.

—¿No quieres estar ahí cuando llegue?

—No importa.

—¿Qué?

—Oh, seguro que él sí querría que estuviera allí para que él arrastre su hielera y mostrarme todo lo que pescó. Si le importa tanto estar conmigo ¿para qué se va? Si se va durante una semana, está bien, pero no voy a estar allí sentada esperándolo cuando llegue porque es exactamente lo que quiere».

¿Bromeaba? El hombre le dice lo que quiere, lo que necesita y lo que le gusta, y ella no lo va a hacer *¡a propósito!*

¿Qué pasa con eso?

Si tu esposo te hace saber qué quiere y usas esa información para herirlo, tendrás que preguntarte para qué estás con él. Esta mujer hacía lo opuesto a lo que quería su esposo para que él no pensara que podía controlarla, mientras que si lo hubiera esperado en casa, abrazándolo cuando llegara, sentándose en su falda y coqueteando con él, podría haberlo tenido más enganchado a ella que todo lo que había en esa hielera. Si no hubiera estado tan sorprendida, le habría preguntado si eso funcionaba con ella, pero me quedé sentada

> Si tu esposo te hace saber qué quiere y usas esa información para herirlo, tendrás que preguntarte para qué estás con él.

pensando: *¡Uy!* *si mi esposo me dijera exactamente lo que hace falta para hacerlo feliz y yo no usara esa información ¿qué tan estúpida sería yo?* (Respuesta: *Muy estúpida.*)

El que yo esté entre el público del programa todos los días es un buen ejemplo, porque mi presencia hace feliz a mi esposo y para mí no tendría sentido estar en ningún otro lugar, en especial porque Phillip no me oculta sus sentimientos sobre el tema. Ya no puedo contar la cantidad de veces en que ha venido una pareja dispuesta a divorciarse, y él le pregunta al esposo si le parece importante que su esposa se sienta orgullosa de él. La respuesta del esposo es siempre, siempre «Sí». No importa cuán terribles sean sus discusiones, ni el poco afecto que se demuestren, el marido siempre admite que se siente herido porque su mujer no lo respeta ni muestra respeto por lo que él hace por ella y su familia.

Entonces Phillip dice: «Sabes, hay millones de personas que ven este programa y que piensan que hago un buen trabajo. Y eso está bien. Pero les digo que la opinión de todos no me importaría si ella...» y me señala «no estuviera orgullosa de mí y pensara que mi trabajo es bueno. Eso es lo que más me importa».

La cámara me toma en primer plano, y tengo lágrimas en los ojos porque sé que es verdad. Sé que si yo no estuviera orgullosa de Phillip y no pensara que está haciendo un buen trabajo, lo que tengamos no tendría valor para él. Y así, sabiendo lo importante que es que lo estime mucho, ¿qué mejor lugar para estar que allí en el estudio con él, viendo cómo trabaja y haciéndole saber que estoy orgullosa de él?

No hace falta ser adivina para saber qué necesita o quiere tu hombre para ser feliz; Él lo demostrará. Eso es lo que tienen los hombres: quizá no les guste hablar de sus sentimientos, pero son bastante directos para mostrar lo que sienten. Si una mujer presta atención a lo que muestra el hombre, podrá enterarse de muchas cosas, incluyendo cómo se comportará o la tratará una vez terminada la luna de miel. Una de las claves para esto es ver cómo trata a su madre.

Me gustó la señora McGraw desde el momento en que Brenda nos presentó esa noche que salimos por primera vez los cuatro. Su madre estaba preocupada porque Phillip estaba en cama, pero me dio la bienvenida y expresó placer porque Brenda y yo fuésemos amigas. Yo me comporté con educación y respeto, como debe hacerlo una chica de diecinueve años hacia la madre de su amiga. Cuando Phillip y yo comenzamos a salir, me propuse ser más que educada y convertirme en la mejor amiga de su madre.

No fue difícil porque Annie Geraldine McGraw es una mujer cálida y generosa, y era evidente que Phillip la trataba con respeto y dignidad. Siempre era dulce, considerado y afectuoso con ella y pude ver que le importaba mucho que la trataran también así los demás. Bueno, no iba a contradecirlo ¿qué tan estúpida habría sido? De hecho, me gustó enseguida la madre de Phillip, pero además yo era lo suficientemente inteligente como para saber entonces ya que si estaba con un hombre que amaba a su madre, y los hombres siempre aman a sus madres, incluso si no les caen bien, yo también iba a amarla.

Ahora, hay hombres que no se llevan bien con su madre cuando son jóvenes, o que no respetan a sus madres cuando son adultos. Si estás con un hombre así, es posible que él no se relacione mucho con su mamá, y probablemente tú tampoco. Sin embargo, si un hombre es afectuoso y protector de su madre, como lo es Phillip con la suya, te está enviando un mensaje muy claro de cómo quiere que tú, su esposa, la trates. Así que ¿por qué tratarías a la madre de tu esposo de manera diferente a lo que la trata él?

> Sin embargo la mayoría de las suegras son mujeres que han invertido sus vidas y energías en un hijo que aman con todo su corazón.

No entiendo a las mujeres que prefieren llevarse mal con sus suegras, que las critican o se burlan de ellas. Sí, sé que hay algunas que son duras y difíciles y que ponen a prueba tu paciencia aunque seas la más santa de las nueras (hemos tenido algunas en el programa). Sin embargo la mayoría de las suegras son mujeres que han invertido sus vidas y energías en un hijo que aman con todo su corazón.

Quizá sea porque yo misma tengo dos varones y sé lo que es ver a través de sus ojos sabiendo que si hago bien mi tarea crecerán, se irán y me dejarán pensando cómo es que todo pasó tan rápido. Es parte de la vida y lo acepto con todo mi corazón. Pero también acepto el hecho de que Annie Geraldine McGraw, alias Grandma, amó a mi esposo mucho antes de que yo lo conociera, y que sigue amándolo. Y además Phillip la ama. Eso es todo lo que necesito saber. Siempre adoré a la madre de Phillip ¿cómo no amar a una mujer que sufre un infarto porque te ve llorando? Y aunque comencé a amarla porque él la amaba, llegué a quererla con todo el corazón, como una hija ama a su madre.

Mi suegra siempre hizo que fuera fácil amarla. Pero aunque no lo hubiese hecho, yo igual la habría querido porque creo que es lo correcto. La decisión de amar a la madre de Phillip fue una decisión que tomé, por respeto a mi esposo y la mujer que contribuyó para que fuera el hombre que amo, el hombre que ha traído seguridad, paz y amor incondicional a mi vida.

Phillip quizá no sea perfecto, pero no hay duda de que es el hombre perfecto para mí. Y lo amaré y me quedaré con él y seré buena esposa hasta el final, no importa lo que suceda. Lo sé porque conversamos antes de casarnos y decidimos que este matrimonio era para siempre y que nunca nos divorciaríamos. Jamás sería siquiera un tema para nosotros. Íbamos a hacer lo necesario para que nuestro matrimonio funcionara porque no queríamos vivir con la incertidumbre, preguntándonos ¿será hoy el día en que me dejará? ¿Es esto lo que lo enojará tanto como para que me deje? O desde el punto de vista de él: ¿Será esto lo que la hará decir: «Ya basta, me voy»? Cuando ambos asumimos el compromiso y decidimos que nada podría hacer que nos separáramos, sentimos que se nos quitaba un enorme peso de encima.

Uno podría pensar que sucedería lo opuesto, que un hombre y una mujer, jóvenes y todavía estudiantes y con poco dinero sentirían ansiedad por haberse jurado seguir juntos por feas que se pusieran las

> Para nosotros el compromiso fue liberador, y no una atadura, porque prometía certeza y continuidad que nos consolaba y que era necesaria.

cosas, sin embargo para nosotros el compromiso nos dio libertad: libertad para que ambos pudiéramos ser sinceros con nosotros mismos diciendo la verdad acerca de quiénes éramos y qué necesitábamos, sin preocuparnos de que el otro se fuera a causa de una observación dicha sin pensar, o por una bolsa de notas sin enviar guardadas en un bolso de tenis. Para nosotros el compromiso fue liberador, y no una atadura, porque prometía certeza y continuidad que nos consolaba y que era necesaria.

En mi caso, y debido al hogar en que había crecido, esto era algo sagrado. Hasta el día de hoy, el aspecto más importante del compromiso es que cada uno elige tomarlo, en libertad y sin presiones.

Por eso me alejé de Phillip esa noche en Denton, porque yo estaba lista para el matrimonio y él no lo estaba. Podría haber llorado, pataleado quizá, pero el soborno emocional no es mi estilo (ni habría funcionado porque Phillip es inmune a la manipulación psicológica). No. Si íbamos a casarnos sería porque ambos lo deseábamos, sin reprimirnos. Cuando Phillip estuvo dispuesto a aceptar esas reglas, entonces supe que lo haríamos.

Si sueno como abogada es porque creo que los buenos matrimonios no nacen. Se hacen. Y se hacen a lo largo del tiempo por medio de un continuo proceso de negociación desinteresada y llena de amor. Es gracioso pero la gente siempre me pregunta cómo Phillip y yo podemos seguir felizmente casados después de treinta años. Piensan que hay algún misterio secreto. Y cuando les digo que lo logramos negociando nuestras diferencias, casi parecen desilusionados. *¿Negociar?* dicen. Eso suena tan, tan... poco romántico.

Bueno, ¿quién dijo que el matrimonio es romántico? El matrimonio tiene que ver con estar en sociedad, con compartir, con cooperar y con comprometerse. Claro que hay romance, pero no surgirá a menos que todos los demás ingredientes estén presentes. Y estos ingredientes no se mezclan con facilidad y en paz todo el tiempo. A veces hay que ser firme en la relación, lo cual significa ver que se satisfagan tus necesidades en determinadas situaciones, logrando con convicción ser sinceros al respecto.

Doy un ejemplo: Phillip estaba en la universidad siguiendo su posgrado y yo trabajaba para la fábrica de máquinas expendedoras cuando mi hermana Cindi me invitó a pasar el fin de semana en su casa. Todavía estaba casada y sus hijas eran pequeñas, así que me era más fácil ir a Oklahoma, cerca de la frontera con Texas, de lo que le sería para ella venir a verme a casa. Llamé a Phillip y le dije que iría a pasar el fin de semana con mi hermana, y lo invité a acompañarme. Todavía no estábamos casados, y como estudiaba, enseñaba y era asistente de un profesor, no lo veía demasiado. Pensé que sería divertido estar juntos con mi hermana y mis sobrinas durante unos días. Phillip dijo: «Sí, claro. Iré contigo».

Casi una hora más tarde me llamó otra vez: «Estoy pensando. ¿Sabes qué? Estoy tan ocupado y hay tanto que hacer aquí que no puedo ir a sentarme y conversar con chicas en este momento. Sé que quieres visitar a Cindi, así que ¿por qué no vas sola y me quedo aquí? Sabes que me encanta jugar al tenis los fines de semana, y no podría hacerlo allí, así que... a menos que quieras que vaya por alguna razón, ¿por qué no vas tú y yo me quedo haciendo lo mío? Nos vemos cuando regreses ¿Sí?»

Respondí: «Te veo el lunes».

Claro que me habría gustado que dijera que quería pasar el fin de semana con Cindi y las chicas. Pero en realidad, no quería hacerlo. No era lo suyo sentarse en casa de mi hermana a jugar a las cartas y charlar sobre temas familiares, que son cosas que a mí sí me gustan, pudiendo adelantar trabajo, jugar al tenis y hacer cosas que a él le gustan y necesita hacer. (La verdad es que no le habría gustado tampoco sentarse a conversar en casa de su hermana, al igual que en la de la mía.) No es que me estuviera menospreciando. Solamente estábamos saliendo juntos en ese entonces, después de todo, y no tenía obligación alguna de acompañarme en un viaje cuyo propósito exclusivo era una visita a mi hermana. Tampoco implicaba que me quedara y estuviera con él. Solamente estaba indicando su preferencia para el fin de semana, siendo honesto conmigo sobre cómo prefería pasar su tiempo. No tenía nada que ver conmigo, y sí con él y sus necesidades ese fin de semana de sentirse estudioso, responsable y satisfecho consigo mismo.

Sé que muchas mujeres estuvieran dolidas si sus novios rechazaran una invitación a pasar el fin de semana en la casa de su hermana. La idea daría vueltas y vueltas en sus cabezas, y se preguntarían si en verdad su esposo o novio las ama, o si no les gusta su familia, o si no les importan sus sentimientos. En realidad, deberían agradecer que el hombre sea sincero, como para decirles qué siente. Y me sentí aliviada porque

Phillip me dijera que no quería venir, porque si hubiese venido y se hubiera sentido incómodo, mi fin de semana habría sido malo.

Quería contar esta historia porque una vez la publicaron en una revista, y estaba todo al revés. Dijeron que Phillip se había rehusado a venir porque no era un hombre «del hogar». Claro que es ridículo. Jamás se rehusó a venir. De hecho, hasta ofreció acompañarme si yo se lo pedía. Lo que dijo fue que no era lo suyo pasar el fin de semana charlando con la familia cuando tenía tanto trabajo que hacer en casa. Una gran diferencia. Así que quería dejar en claro esto, sobre lo que sucedió, lo que quiso decir, que fui yo la que fue a visitar a Cindi ese fin de semana y Phillip no fue, y que nos vimos cuando volví. Además, siempre le estaré agradecida por haber sido sincero conmigo en cuanto a lo que quería hacer. Me liberó para que yo también pudiera ser sincera con respecto a mis preferencias. Y lo he sido, durante todo nuestro matrimonio.

El hecho de que Phillip y yo nos casáramos no quiere decir que nos gusten las mismas cosas. No lo entiendo cuando oigo que una mujer dice que no hará algo que le gusta porque su esposo no lo hará con ella. Esto significa que hay que renunciar a una parte de una misma si te casas. Como dije antes, tu esposo y tú no son la misma persona así que ¿por qué esperar que a él le guste lo mismo que a ti? Me encanta charlar con amigas. Me encanta pasar un día en el centro de belleza y descanso. Phillip no iría a dicho centro aunque le pusieran una pistola en la cabeza, pero él me anima a hacerlo (a ir a ese centro, no a que me pongan una pistola en la cabeza). Aún hoy insiste en que vaya a ver a mis hermanas porque percibe que las extraño. Apoya todo lo que yo quiera hacer, y que me de alegría. Y yo apoyo todo lo que él quiera hacer y le de alegría.

Por eso insisto en que juegue al tenis todos los días. Sigo levantándome cada mañana y preparo el bolso con todo lo necesario para que pueda ir a jugar al tenis al volver del trabajo. Y juega todos los días si el tiempo es bueno (en Los Ángeles casi siempre lo es). Siempre jugó al tenis después del trabajo, y yo siempre lo animé a hacerlo.

Muchas personas nos han dicho: «No puedo creer que no te moleste que se pase jugando al tenis dos horas todos los días después del trabajo». Yo contesto: «¿Quién soy yo para decirle que no puede hacerlo?»

Y lo digo con toda intención. Trabaja duro todo el día y luego necesita algo de ejercicio, sudor y cansancio físico para quitarse el estrés. Él quiere eso. Así es él y no voy a hacer que renuncie a algo que le importa tanto sólo porque esté casado conmigo.

En un matrimonio, hay que hacer lo que funcione. Siempre hemos cenado tarde, como a las ocho de la noche, porque Phillip sale del trabajo, juega al tenis durante dos horas, llega, se ducha y recién entonces nos sentamos a comer. Cuando los niños eran pequeños, nunca los mandé a dormir temprano. Las mujeres pensaban que era raro que los dejara levantados hasta tarde. Tenía amigas que mandaban a dormir a sus hijos a las seis o siete de la tarde, pero Phillip jamás habría visto a los chicos si yo hacía algo así. Era importante para mí que todos los días pudieran compartir tiempo juntos, por lo que los hacía dormir una siesta de cinco a siete de la tarde, justo antes de que llegara Phillip, para que pudieran jugar un rato. Luego cenábamos y hacía que los niños fueran a dormir como a las diez o las once. Todo cambió cuando comenzaron a ir al colegio y tenían que levantarse temprano, claro está. Pero cuando eran pequeñitos, los dejaba hasta tarde porque eso funcionaba para nosotros.

No quiero decir que todos los padres de los Estados Unidos deban dejar a sus hijos de edad preescolar despiertos hasta tarde. Es lo que funcionó para nosotros y es lo que hicimos. No es lo que recomendaba el Dr. Spock en ese momento, pero él no vivía con nosotros así que no sabía qué era lo mejor en nuestro caso. Lo hice, y es lo que decidí hacer.

Como dije antes, todo tiene que ver con lo que hace feliz a tu esposo. Esto es cierto tanto para los esposos como para las esposas, pero me concentro en la parte de la esposa por razones obvias. Phillip nunca me dijo que quería que los niños estuvieran despiertos cuando llegara porque eso habría equivalido a invadir mi terreno como madre. Nunca hizo algo así. Creo que nunca cambió un pañal ni se despertó en medio de la noche porque lloraba uno de los chicos porque yo no quería que lo hiciera. Sí se levantó una vez y fue a la cuna de Jay porque lloraba, pero yo lo mandé de vuelta a dormir porque su cargo era el de trabajar durante el día para mantener a la familia. Mi tarea era la de cuidar a la familia para que él pudiera concentrarse en su trabajo. Fue nuestro acuerdo al casarnos, y ambos estábamos satisfechos con esos términos. Phillip toma su trabajo muy en serio. Le encanta trabajar, y no conozco a nadie que disfrute más de su trabajo. Yo también tomo mi trabajo muy en serio. Phillip nunca se quejó porque fuera el único proveedor en la casa. Yo nunca me sentí explotada, resentida ni usada porque mi responsabilidad fuera la de cuidar la casa y los niños. Son cosas que hago bien, cosas que me encanta hacer. Si me hubiera sentido abrumada o infeliz en algún momento habría renegociado los términos de nuestro acuerdo. Pero siempre me sentí contenta con el rol que elegí en esta vida y esta familia, aún en tiempos difíciles, porque mi esposo siempre mostró aprecio por lo que hago.

> Nada le importa más a una mujer que el hecho de que su familia le haga saber que _aprecia lo que ella hace por ellos.

El aprecio es un gran componente de un matrimonio exitoso y espero que toda mujer subestimada que lea esto resalte esta frase con marcador y la ponga donde su esposo o hijos puedan verla. Nada le importa más a una mujer que el hecho de que su familia le haga saber que aprecia lo que ella hace por ellos. Y es que todas las mujeres hacemos muchas cosas, ya sea que trabajemos en la casa a tiempo completo o fuera de ella, son muy pocas las mujeres que no son el corazón de su hogar, y su valor merece reconocimiento. Conozco muchas mujeres que no eligieron como yo dedicarse tiempo completo a la familia y el hogar, y muchas de ellas trabajan en el programa del Dr. Phil. Muchas trabajan en empleos a tiempo completo y luego regresan a su casa para atender a su hogar, su marido e hijos. No importa cuánto dinero ganen no hay nada que les importe más que sentir que son especiales e irremplazables para sus seres amados.

Phillip siempre me ha hecho sentir especial. Desde que estábamos de novios siempre ha sabido qué hacer para sorprenderme, agradarme y recordarme que aprecia lo que significo para su vida. Hoy suele expresar su gratitud de manera un tanto extravagante: me sorprendió con un convertible Mercedes Benz último modelo en la Navidad del año pasado. Pero por exagerada que sea su generosidad, sabe que no hace falta mucho dinero para hacerme sentir especial.

Cuando estábamos de novios, él estaba estudiando en su departamento cuando de repente, se apareció delante de mi puerta con un pastel y decía:

«Me dije a mí mismo que cuando hubiera terminado dos capítulos más, vendría a verte para traerte esto».

Así era como se recompensaba. En otra ocasión me trajo un álbum de Gene Pitney, un cantante pop, con un éxito que se llamaba "Veinticuatro horas de Tulsa", que me gustaba porque de niña había vivido en Oklahoma. No recuerdo qué hice con ese álbum, pero sí que me hizo sentir especial saber que Phillip se gratificaba viniendo a verme.

Y también recuerdo cuando fuimos a la librería de la universidad para que Phillip comprara un libro de texto. Estábamos casados ya pero no teníamos mucho dinero. Yo estaba allí y sobre la pared habían paquetes de bordado sobre tapiz, que estaban exhibiéndose en bolsas de plástico transparente. Era popular el bordado de tapiz en ese momento porque era fácil, a diferencia del punto cruz, ya que se podían dar puntadas más grandes para formar diseños.

Uno de los bordados me llamó la atención. Tenía una fotografía a color que mostraba el diseño acabado, era sencillamente adorable: una silla de mimbre con un gato sobre el almohadón y un enorme helecho colgando sobre el conjunto. Era de buen tamaño, de unos 25cm x 35 cm., de manera que podía hacer un almohadón o un cuadro para colgar. El paquete contenía todos los elementos necesarios, y se veían los ovillos de hilo naranja, verde, azul, rosado y dorado. De repente, allí estaba Phillip diciendo: «¿Lista para salir?»

> Nada más el acto de estar atento al otro, desconectándote de tu mundo interior, es un regalo para la relación. De hecho, es la esencia misma de la relación.

Yo dije: «Oh, ¡mira que hermoso bordado! Uno de estos días voy a ahorrar dinero para comprarlo».

Él dijo: «Sí, es lindo. Vamos ya».

Salimos de la librería y recuerdo haber pensado: *No importa cuánto tiempo me lleve, pero ahorraré y lo compraré porque se verá hermoso en nuestro departamento.* No era barato. Costaba unos veinte dólares, que en ese momento era bastante, en especial para nosotros.

Unas dos o tres semanas más tarde estábamos en el departamento. Phillip estaba estudiando y yo estaba haciendo algo en la cocina. Entonces me preguntó si había traído el periódico. Era raro porque Phillip nunca me pedía que trajera el periódico. Dije que no, que seguía afuera pero que más tarde lo entraría.

—Bueno ¿crees que podrías ir a buscarlo ahora, por favor? —preguntó.

—Está bien —dije.

Dejé lo que estaba haciendo, busqué el periódico y lo puse sobre la mesa donde él estaba trabajando.

—Ábrelo —dijo.

Abrí el diario y comencé a leer la primera página.

—¿Qué es eso? —preguntó Phillip.

—¿Qué cosa? —dije un tanto impaciente.

—Eso —dijo señalando un papel que estaba en el suelo. Pensé que se había caído del paquete del periódico. Lo levanté y leí: «Robin, sal del departamento, ve a la piscina y mira detrás del roble».

—Phillip ¡mira esto! —dije mirando la nota escrita con letra garabateada que reconocí que era de Phillip, aunque la había tratado de disfrazar.

—Oh, ¿qué pasa? —dije casi sin aliento—. ¿Será alguien que está allí afuera y quiere secuestrarnos? —Fuimos afuera, rodeamos la piscina y llegamos al árbol, vimos una piedra apoyada sobre otra nota. Esta decía: «Gira a la posición de las manecillas del reloj cuando indican las diez, camina quince pasos rodeando el arbusto y llega hasta la enredadera» (Era piloto, y cuando uno pilotea un avión las posiciones se indican según las horas del reloj).

Phillip me envió a una búsqueda del tesoro por los alrededores de nuestro edificio, diez pasos aquí, doce por allí en el estacionamiento, luego cruzando el jardín y por fin, llegando frente al paquete que contenía el tapiz en su bolsa, oculto en un cerco.

Siempre ha hecho este tipo de cosas. Piensa *¿qué puedo hacer para que su vida sea divertida, feliz y excitante?* Y sea que me sorprenda con un pastel de cincuenta centavos o un auto de cincuenta mil dólares, su motivación es la misma: agradarme y verme entusiasmada. Y aunque confieso que es excitante encontrar un Mercedes Benz nuevecito frente a tu puerta, también lo es encontrar un paquete de bordado con un tapiz de veinte dólares escondido en un cerco, puesto allí por el hombre que amas, que ha gastado todo lo que podía por agradarte. El hecho de que Phillip se molestara en preparar la sorpresa, escribiendo las notas, escondiendo el paquete y haciendo todo de manera que me deleitara en lugar de nada más decir: «Toma, te compré esto hoy», me desarma con sólo pensarlo.

Lo más importante es que prestó atención a lo que dije en la librería ese día. Si hay un secreto para el matrimonio feliz, es ese. Nada más el acto de estar atento al otro, desconectándote de tu mundo interior, es un regalo para la relación. De hecho, es la esencia misma de la relación. Hay que estar dispuesto a poner energía en escuchar a tu cónyuge, no solamente oír, sino realmente escuchar para captar las señales que te envía y te indican lo que necesita para ser feliz. También tienes que estar dispuesta a enviar señales que le indiquen a él cómo *hacerte* feliz.

Una vez estaba hablando con una mujer que se quejaba porque su cumpleaños había pasado y una vez más su esposo no le había regalado esos aretes de diamantes que tanto quería. Le pregunté si le había dicho que quería los aretes y me contestó: «No. Es que no tendría por qué. Él tendría que saber lo que quiero ya. Y además, quería que me sorprendiera».

«Bueno», dije, «¿cómo puede el pobre hombre sorprenderte si no le dices qué quieres?»

Sí. Phillip me sorprendió con el tapiz, pero la única razón por la que sabía que yo lo quería era porque yo lo dije, y con intención. No es que esperaba que lo comprara, sino que pensaba ahorrar yo los veinte dólares para comprármelo. Lo que pasa es que nada perdía con decirlo y al hacerlo le di a Phillip la información que él necesitaba para agradarme, y él me dio el regalo de prestarme atención.

Eso es algo que Phillip y yo siempre nos dimos: la atención. Aunque mucho de lo que hago por Phillip es obvio, como cuidar a los niños, la casa, o estar en su programa todos los días, hay muchas cosas que él hace por mí que no son tan evidentes o visibles, pero que no por eso son menos preciosas.

Hubo una serie de eventos a mediados de la década de 1980 que me hizo ver lo precioso y valioso que es mi esposo. El primer evento sucedió unos seis meses después de que falleciera mi madre. Estábamos viviendo en la casa antigua que habíamos comprado y Phillip tenía su consultorio. En ese entonces había empezado a conducir un seminario, desarrollándolo sobre la base de estrategias terapéuticas que usaba en su consultorio. Era uno de los primeros talleres de ese tipo y atrajo a la gente ese fin de semana para explorar, identificar y vencer obstáculos que sentían que impedían que vivieran a su máximo potencial. Pensé que también me sería útil porque todavía estaba de duelo por la muerte de mi madre. Además, sonaba divertido. Mandé a Jay a pasar el fin de semana con un amigo y me anoté para asistir.

Se había anotado mucha gente para la sesión: hombres y mujeres solos o en pareja, casados y solteros. Me senté entre todos ellos mientras Phillip nos hacía realizar unos ejercicios y actividades que tenían como fin la interrelación con nosotros mismos y los demás integrantes del grupo. Su objetivo era que conectáramos nuestros sentimientos y pensamientos, los que por lo general están ocultos bajo nuestras máscaras sociales que ocultan quiénes somos en verdad.

Phillip no se me acercó ni me miraba directamente. Me había dicho de antemano que guardaría distancia porque no quería mostrarse demasiado atento ni inhibir mi capacidad de responder con toda honestidad a los ejercicios. Para mí estaba bien. Phillip tenía además un equipo de asistentes calificados que le ayudaban con la sesión, así que habían suficientes entrenadores como para repartir.

Phillip anunció que haríamos un ejercicio de relajación, nos separó en grupos y nos dijo que nos pusiéramos en círculo con los ojos cerrados. Oí su voz diciéndonos: «Busquen en lo profundo, lo más profundo. Entren en los oscuros rincones de su ser, ¿Qué cosas lamentan? ¿Qué es lo que quisieran sacar a la luz y deshacerse de ello?» Y nos dijo que visualizáramos esto que lamentábamos, y que luego con un gesto hiciéramos como si lo estuviéramos echando en medio del círculo.

Yo no encontraba nada. Porque uno de mis lemas siempre fue el no querer vivir con cosas que lamentar, así que no tenía a la mano nada para traer a la superficie. Oía voces a mi alrededor, murmurando: «Lamento no haber buscado a mi madre biológica», «Lamento no haber pasado más tiempo con mis hijos», «Lamento no haber aceptado ese ascenso».

Recuerdo que pensé: *Bueno, tengo que poner algo allí, pero no sé qué cosa. ¿Qué lamento? Lamento... lamento...*

Y entonces se me ocurrió y dije: «Lamento la decisión de tener solamente un hijo». En verdad, Phillip y yo habíamos decidido tener solamente un hijo. Cuando Jay tenía unos dos años, nos sentamos, conversamos sobre las opciones y decidimos que lo mejor sería que Phillip se hiciera una vasectomía, y él aceptó. Ahora habían pasado cuatro años, nuestro hijo era sano, teníamos un ingreso estable y en cierta forma estaba yo reevaluando si la decisión había sido sabia o no. No estaba enojada conmigo misma por haber decidido esto, ni con Phillip porque se hubiera hecho la vasectomía. Sentimos que la decisión era la correcta en ese entonces. Pero allí, buscando en lo profundo de mi ser, pensé: *Ahora lo lamento. Lamento haber decidido tener solamente un hijo.* Y lo dije en voz alta, como nos habían indicado.

Fue en la primavera de 1985. Unos meses más tarde fui a ver al ginecólogo para hacerme mi examen anual y la prueba del papa nicolao. Mi médico se llamaba Joe Millar y a veces Phillip y yo salíamos con él y su esposa Liz a cenar. Así que era un médico y un amigo quien llamó a casa unos días después para decirme que mi papa nicolao era nivel cuatro, lo cual significaba que no sólo habían células cancerosas, sino que habían invadido el tejido uterino. Era malo y quería llevarme al hospital enseguida para una histerectomía, lo cual significaba sacarme el útero y la esperanza de poder tener otros hijos.

Era un prospecto aleccionador para mí, considerando lo que había admitido en el seminario unos cuantos meses antes. No le había dicho nada a Phillip con respecto a mi cambio de opinión, pensando que tenía mucho tiempo por delante para mencionar el tema... hasta ahora. De repente, ya no me quedaba tiempo. Cubrí el auricular del teléfono y le conté a Phillip lo que decía Joe. Phillip enseguida tomó el auricular y preguntó si habría una medida menos drástica que pudiéramos intentar.

Esto sucedió hace más de veinte años, antes de que la salud de las mujeres fuera una especialidad tan avanzada. En ese entonces, los médicos eran más renuentes a realizar histerectomías, y más aún en mujeres que todavía podían tener hijos. Yo tenía treinta y dos años, con muchos más por delante como para poder tener más hijos, pero Joe no quería arriesgarse.

—Podemos sacar el útero y no nos preocupamos por cuánto haya avanzado el cáncer. Ya tienes un hijo sano. Saquemos el útero y terminemos con esto.

—Sí —dijo Phillip—. Entiendo pero ¿hay algo menos drástico que podamos hacer?

—Sí hay algo. Pero es un tanto arriesgado —dijo Joe.

—Dime qué es. Pruébanos —dijo Phillip.

Joe entonces dijo que había un procedimiento que congelaría y mataría las células cancerígenas, después de lo cual el médico insertaría un instrumento para quitar el tejido muerto. Era un procedimiento que se realizaba una vez por semana durante tres semanas, y se esperaba que todas las células malignas desaparecieran.

«Podríamos intentarlo», dijo Joe, «porque al término de tres semanas no habría empeorado nada. Luego hacemos otro papa nicolao. Si da normal, es que funcionó. Y aunque funcione, lo haré solamente si luego acuerdan que haremos un papa nicolao cada mes durante seis meses, para asegurarnos que no volvió. Porque si vuelve, haremos la histerectomía y no me convencerán de no hacerla».

Estuve de acuerdo.

Fue a fines de agosto. Las siguientes tres semanas, fui y me sometí al tratamiento. A fines de septiembre, declararon que ya no había cáncer y con gusto consentí a hacerme el papa nicolao mensual. Desde mi punto de vista, era un precio bajo por pagar si quería mantener mi cuerpo intacto.

Pasaron unos meses y llegó diciembre. Eran como las cinco de la tarde y yo estaba preparando la cena para Jay, que tenía seis años y estaba poniéndose su ropa de básquetbol porque tenía un partido a las siete y yo quería darle de comer temprano. Los tres solíamos comer juntos los días de partido porque Phillip era el entrenador, y todos íbamos juntos al estadio después de cenar. Pero Phillip me había llamado unas horas antes diciendo que quizá no llegaría a tiempo para la cena porque estaba en el consultorio de Joe Miller en el hospital ayudándole con un paciente.

—¿Qué haces con Joe?— pregunté.

—Bueno, tiene un paciente y quiere que la convenza para que no tenga otro bebé, —dijo él.

—¿Qué, está enferma?, —pregunté.

—No. Pero ya tiene un hijo y Joe piensa que tener otro podría ser difícil, y...

—Te digo algo, —interrumpí—. Si la mujer quiere otro bebé, Phillip, tienes que ayudarla. Haz todo lo posible por ayudarla. Eres hombre, y no sabes. Si en su corazón esta mujer sabe que quiere otro bebé, ayúdala. No la convenzas de lo contrario. —Guardó silencio.

—Está bien, —dijo y colgó.

A las cinco de la tarde sonó el teléfono. Era una enfermera del hospital.

«Señora McGraw, lo siento pero su esposo se tarda aquí con un paciente. Me pidió que la llamara para decirle que vaya al partido y que él luego se encontrará allí con usted».

Me sonó sospechoso. Phillip no delegaría una llamada como esa. Si realmente estaba atrasado con un paciente, se habría excusado, habría llamado para hablar con Jay explicándole que se perdería el primer tiempo pero que llegaría lo antes posible. Me daba un poco de miedo porque mi madre había muerto de repente un año antes, y no podía evitar sentir preocupación de que le hubiera sucedido algo. Me dije que tenía que dejar la paranoia y seguir preparando la cena. Llamé a unos amigos cuyo hijo también jugaba esa noche y les pregunté si podían llevarnos al juego, para así poder regresar junto con Phillip por la noche.

Comenzó el partido y yo reemplazaba a Phillip, como entrenadora de estos chicos de seis años. Miraba la puerta del gimnasio a cada rato para ver si llegaba Phillip y me preguntaba: *¿Dónde está, dónde está?* pero no aparecía. Me preocupé y pensé que algo tendría que haberle pasado porque Phillip nunca se perdería un partido. Algo no andaba bien.

El juego terminó y Jay preguntaba dónde estaba su padre. Yo estaba preocupadísima pero trataba de actuar normal y con calma. Nuestros amigos nos llevaron a casa, y cuando llegamos pensé: *¿De quién es este auto? ¿Quién vino y para qué?*

Corrí a la puerta, miré por la ventana de la cocina y vi al doctor Joe Miller, nuestro amigo, sentado a la mesa. Pero no veía a Phillip. Pensé: *Oh, no, Phillip murió. Por eso vino Joe, porque estaba en el hospital y ellos saben que es amigo nuestro así que lo enviaron para decirme que sucedió algo terrible.*

Entré, con el rostro desencajado por la angustia. Joe me sonreía y esto me parecía confuso porque no encontraba la gracia al hecho de que mi esposo estuviera muerto.

«No te preocupes», dijo Joe. «Todo está bien». Entonces entró Phillip desde su estudio, pero caminaba como un monstruo con las piernas tiesas y los ojos vidriosos como si estuviera actuando en La noche de los muertos vivos.

Pensé: Al menos está vivo. Estaba todavía con ropa de trabajo, así que no había estado en un accidente de auto, ni en un tiroteo. Tampoco tenía sangre en la ropa. Empecé a respirar con normalidad y entonces vi que sostenía un regalo en la mano. Por fin pude hablar.

—¿Qué te pasa, Phillip? ¿Y por qué estás aquí, Joe? ¿Qué pasa?

—No te preocupes. Ten... toma esto. —Y me da el paquete.

—¿Para qué es esto? ¿Qué pasa? ¿Por qué no me dicen algo?

—Ábrelo, nada más, ¿sí?

Abro el paquete, y encuentro una caja llena de pañuelos de papel suave y dos escarpines, uno rosado y uno celeste, con dos tarjetas. Una dice: «¡Es una niña!» Y la otra: «¡Es un niño!»

De repente, entendí qué era lo que pasaba: ¡Phillip había adoptado una niña y un niño para mí! Joe había hecho de mediador para una adopción privada de alguien en su familia a través de un contacto en Dallas y ahora Phillip y Joe han pasado el día juntos en Dallas, adoptando una pareja de mellizos para mí. Tenía sentido.

¡Claro que no lo tenía! pero no me di cuenta sino hasta un segundo después cuando vi que nadie en su sano juicio permitiría que sus mellizos fueran adoptados por un hombre con anillo de bodas que se presenta sin su esposa. Aunque durante un ridículo instante, parecía concebible que Phillip hiciera algo así, porque yo soy melliza y él sabe que me habría encantado tener mellizos. Y Joe era obstetra, así que era probable que hubiera conocido a una mujer que quería dar a su bebé en adopción. Ahora que lo pienso me da risa, porque por supuesto Phillip y yo habríamos hablado de algo tan importante como la adopción de un hijo, haciendo todo el trámite juntos. Sin embargo, por una fracción de segundo me pregunté: *¿Dónde están los bebés? ¿En la sala?*

En ese momento Phillip dijo:

«Si te preguntas por qué camino de esta forma es porque hoy revertí mi vasectomía para que podamos tratar de tener otro hijo».

Tartamudeé: «¡No! ¡No lo hiciste!» Y entonces lo miré bien y vi que bajo el pantalón tenía un bulto. Era la venda y la bolsa de hielo.

Era verdad.

Todo adquirió sentido entonces. Tenía los ojos vidriosos por la anestesia, que todavía no se le había pasado y por eso no había podido venir al partido. Y esa llamada misteriosa sobre el paciente a quien supuestamente tenía que convencer... bueno, toda esa historia era su manera de sondear mi opinión sobre la situación, para ver si yo decía: «Bueno, si ya tiene un hijo no hace falta que tenga otro». Pero como le dije que hiciera todo lo posible por ayudar a la mujer a tener el bebé que quería, él supo que hablaba de mí misma, aunque yo no lo supiera.

Estaba entusiasmada, conmovida, y sin palabras para expresar mi gratitud. Pero sí pude preguntarle a mi esposo algo:

«Phillip, ¿cómo lo supiste? ¿Cómo es que supiste lo que sentía, que quería tener otro bebé?»

«Te oí esa noche en el seminario» dijo. «Tenías los ojos cerrados, así que supe que no te distraería si pasaba cerca, y justo en ese momento te oí decir algo respecto de tener un solo hijo. Era durante el ejercicio de liberarnos de aquello que lamentamos, así que supe lo que querías decir. Y supe lo que tenía que hacer».

Hay que amar a un hombre capaz de hacer todo esto. Y lo amo, cada día, pero nunca más que unos diez meses y medio más tarde cuando el 21 de octubre de 1986, nació nuestro hijo Jordan, justo dos años después de que muriera mi madre. Todos los años recuerdo a mis preciosos gemelos, a mi madre y mi hijo, y estoy doblemente bendecida porque sé que mi madre tuvo mucho que ver con el nacimiento de Jordan. Puedo imaginar al Señor diciendo: «Georgia Mae, este es el trato. Te vienes conmigo y en dos años, le doy a tu hija el bebé más perfecto y precioso. Tú y yo le daremos este bebé».

Capítulo 7

UN CORAZÓN LLENO DE CONFIANZA

o, cuando tengo razón, tengo razón

Algo malo le pasaba a Jay. Cada vez que le daba de comer, vomitaba con tal fuerza que cruzaba toda la habitación. Sabía que en los infantes el vómito proyectil es común, pero esto había estado sucediendo durante más de veinticuatro horas, cada vez que comía. Me preocupaba cada vez que llegaba la hora de darle de comer. Y lo peor era que había estado dándole fórmula diluida durante los primeros días de vida, así que ya tenía bajo peso y ahora, casi una semana más tarde, pesaba casi lo mismo que al nacer.

175

Llevé a Jay a ver al pediatra, un señor mayor que me habían recomendado por su sabiduría y experiencia, aunque era un tanto seco. Miró a mi bebé y luego me dijo:

—Usted es una madre nerviosa y lo puso nervioso a su hijo. Está contagiándose de sus nervios y está demasiado tenso como para comer. Aquí tiene, déle unas gotas de esto antes de darle el biberón, para que se relaje.

Y me dio un frasquito con gotero.

—¿Qué es esto?, —dije.

—Algo para tranquilizarlo y relajarlo, —contestó.

—¿Es un tranquilizante?

—Algo parecido. Déselo y se calmará como para poder comer. Usted también debe intentar relajarse.

Salí de allí pensando: *No. No voy a drogar a mi bebé para que pueda tomar el biberón.* Lo único que me ponía nerviosa era el hecho de que algo andaba mal con mi hijo y el médico no estaba haciendo nada al respecto.

Volví a llamar al médico al día siguiente y le dije que quería llevarle el bebé de nuevo. Pero me dijo que esperara uno o dos días más.

Pasaron dos días más y Jay seguía vomitando. Se veía todavía más flaco y empezaba a estar inquieto, débil. Volví a llamar al médico.

«Doctor. Tiene que escucharme. Algo está muy mal y quiero que vuelva a revisar al bebé» dije. «Sé lo que me indicó la última vez, pero conozco a mi bebé y esto no tiene nada que ver con los nervios. Tiene que verlo ahora mismo».

Hubo un suspiro del otro lado de la línea, pero el médico aceptó ver a Jay por la mañana. Puse el bebé a dormir esa noche, pensando: *Relájate, Robin. Lo llevarás mañana. Todo va a estar bien, verás.*

Desperté sintiéndome muy descansada, más que de costumbre. Y entonces supe por qué: el bebé no me había despertado durante la noche para que lo alimentara. Me sentí perfecta durante una fracción de segundo, hasta que mi lógica me hizo pensar: *No. No está bien. Es demasiado pronto como para que duerma toda la noche. Siempre tiene hambre. No puede ser.*

Corrí al cuarto del bebé. Jay estaba inmóvil en su cuna, y lo único que se movía era su barriguita, con el ritmo de su respiración. Estaba tan débil que no podía llorar fuerte como para despertarme. Parecía muerto de hambre, y esto no estaba lejos de la realidad. Eran solamente las 8:15 de la mañana y el médico no llegaba al consultorio hasta dentro de cuarenta y cinco minutos más. Yo no iba a quedarme allí sin hacer nada. Phillip ya había salido así que me puse la ropa, tomé a Jay y llamé a mi cuñada Donna, pidiéndole si podía venir enseguida para llevarme a ver al pediatra. Quería dedicar toda mi atención a Jay, sin preocuparme por conducir el auto. Además, Donna tenía tres hijos y sabía lo que era una emergencia médica.

Llegamos al consultorio antes que el médico y recuerdo haber caminado en círculos en la sala de espera pensando: *Apúrese... por favor... No puedo esperar. No puedo.* Entonces llegó el doctor, y yo fui directo a él con Jay en los brazos y le dije: «Algo malo le pasa a este bebé y estoy cansada de que usted me diga que es porque soy una madre nerviosa. Tiene que verlo ahora mismo».

Me dijo que lo llevara a la sala donde lo examinaría.

Lo apoyé en la mesa y quité la mantita que lo cubría. El médico se acercó, miró al bebé y me preguntó: «¿Hace cuánto que pasa esto?» ¡Cómo si no lo supiera!

«¿De qué me habla? Lo traje hace cinco días y usted me dijo que era una madre nerviosa y me envió a casa con gotas tranquilizantes. Le he estado llamando toda la semana, y usted me dice siempre que espere un día más. Intenté decirle todo el tiempo que algo andaba mal».

Volvió a revisar a Jay y por encima del hombro llamó a la enfermera para que avisara al hospital que íbamos hacia allá.

«Hay que operar ahora mismo», dijo. «Se lo explicaré cuando lleguemos».

Entonces fue a su auto, y nosotros lo seguimos en el nuestro.

Donna me llevó directo al hospital. Allí estaba Phillip también. Cuando el pediatra llegó dijo que creía que Jay tenía estenosis del píloro, un desorden digestivo que afecta a tres de cada mil bebés nacidos en los Estados Unidos.

Lo que sucede es que los músculos de la parte inferior del estómago del bebé, conocidos como píloro, se ensanchan y agrandan, por lo que es imposible que el alimento pase del estómago hacia el intestino delgado. Se acumula comida en el estómago y el bebé vomita con fuerza, despidiendo todo lo que ingiere y eventualmente, debilitándose porque su cuerpo no recibe nutrientes.

Nadie sabe exactamente qué es lo que causa esto. Una de las teorías es que el píloro se ensancha a causa de una reacción alérgica. Otra teoría sugiere que durante el embarazo las hormonas de la madre predisponen al feto para este desorden. El médico dijo que era un problema relativamente común, que afecta más probablemente al primogénito de una familia, así que aunque es hereditario, los demás hijos tienen menos probabilidades de tener este problema. No me consoló para nada. Solamente podía pensar: *¿Cómo puede hacer de esto un problema común, si mi bebé está a punto de morir?*

El médico nos aseguró que podía realizar la cirugía sencilla que se requiere para abrir el pasaje entre el estómago y el intestino, y que Jay se quedaría en observación durante un par de días en el hospital pero que luego iría a casa y estaría perfectamente bien.

«Esto no tiene nada que ver conmigo, ¿verdad?», dije. Esta vez el hombre se veía avergonzado.

«No, señora. McGraw. No tiene nada que ver con usted». Hice una anotación mental. Cuando alguien sabe que se equivocó y sabe que tú tienes razón, comienza a mostrarte más respeto.

Comenzaron a preparar a Jay para la cirugía. Les costaba insertar el tubo endovenoso porque estaba deshidratado y sus venitas estaban colapsadas, así que buscaron un lugar en el cuero cabelludo. Phillip sabía que yo no podría soportar ver que pincharan su cabecita, así que sugirió que intentaran con la manito del bebé. Cerraron la mano de Jay, y luego haciendo un puño, encontraron una vena, donde intentaron de insertar la aguja. Pero no entraba. Volvieron a intentarlo y tampoco lo lograron. Yo lo sostenía y el bebé lloraba, pero como estaba tan débil, su llanto era tan solo un sollozo ahogado. Dijeron que intentarían con la manito una vez más antes de insertar la aguja en su cuero cabelludo. Esta vez, por la gracia de Dios, lograron insertar la vía endovenosa.

> Allí, y no en la capilla del hospital y no en una habitación, sino en el pasillo, entregué mi bebé a Dios.

Mi pobre bebé estaba tan débil que no tenía energías ni para llorar. Lo sostenía en brazos, mientras lloraba y temblaba, y recuerdo haber pensado: *De todo lo que ha sucedido en mi vida, esto es lo peor. Lo peor de todo.*

Una vez insertada la vía endovenosa, todos empezaron a ir hacia la sala de operaciones. El médico caminaba y decía: «Vamos, vamos».

Phillip trabajaba en el hospital, así que le permitieron llevar a Jay.

Jamás olvidaré la imagen de Phillip llevando a Jay a la sala de operaciones. Lo llevaba junto a su pecho, con la cabecita apoyada en su hombro. Mientras se alejaba, lo único que yo veía era este marido mío tan alto con hombros fuertes y la cabecita diminuta, asomándose por encima de uno de esos hombros. Mi corazón latía con fuerzas y me dije: «Oh, Dios mío ¿qué es lo que está pasando? ¿Qué le está pasando a mi bebé?»

Allí, y no en la capilla del hospital y no en una habitación, sino en el pasillo, entregué mi bebé a Dios. *Señor, oré, entregar este bebé es lo más difícil en mi vida, pero te lo entrego a Ti. Por favor sostén su vida en tus manos, Señor, y si es tu voluntad, devuélvemelo. Amén.*

Quizá haya sido la primera vez que en verdad entregué mi vida y la de mi bebé totalmente a Dios. Y cuando lo hice sentí que me quitaban un peso de encima, porque sabía que la vida de mi bebé estaba en manos de Dios. Seguí orando mientras Phillip se alejaba con Jay, y luego desapareció tras unas puertas dobles mientras yo me sentaba a esperar una eternidad.

> Era mi vocación cuidar de ese niño. Era su madre y creí entonces, como creo ahora, que Dios me llamó a amarlo y protegerlo con cada pizca de aliento que hay en mí.

Dos horas después Phillip volvió y me entregó a Jay:

«Va a dormir un rato», dijo. «Pero está bien. Está bien».

El médico quiso dejar a Jay en el hospital durante un par de días para asegurarse de que su estómago funcionara bien. Le dieron una dieta de leche de soya, más fácil de digerir que la leche de vaca. Dos días después, regresó a casa.

La mayoría de los padres tenemos algún episodio como este. Una situación límite que termina bien pero que durante un tiempo nos asusta. Permanece en nuestro corazón porque los sentimientos que provoca son tan poderosos que siguen vívidos aún décadas más tarde, cuando el hijo ya está grande. Lo que más recuerdo de la enfermedad de Jay es la ferocidad de mis sentimientos y el modo en que esto me definió como madre Era mi vocación cuidar de ese niño. Era su madre y creí entonces, como creo ahora, que Dios me llamó a amarlo y prote-gerlo con cada pizca de aliento que hay en mí.

La mayoría de las madres tenemos este conocimiento que es más fuerte que la intuición o lo que digan los libros. Conoces a tu hijo, sabes cuándo algo no está bien y sabes que tienes que hacer algo al respecto. Yo era madre desde hacía solamente un mes, pero estaba segura de dos cosas: algo no estaba bien con el bebé, y no había nada malo conmigo.

Sigo sintiéndome molesta cuando recuerdo que el médico me decía que yo era nerviosa y que estaba contagiando los nervios a mi bebé. No es que el hombre fuera malo o incompetente, sino que era antiguo en su manera de pensar, y le resultó fácil descartarme como mujer emocional y nerviosa. Esto indica por qué era importante que escuchara lo que decía mi corazón, que expresara lo que pensaba e insistiera en que me tomara en serio y revisara otra vez a mi hijo.

Aprendí de esa experiencia. Lo que aprendí fue a confiar en mis instintos y a no retroceder cuando sé que tengo razón. Si tengo que hacer lío, bien. Si la gente se molesta conmigo, también está bien. Porque un poco de bulla es precio pequeño a cambio de salvarle la vida a mi hijo. Estoy convencida de que eso es lo que pasó ese día. Creo que si hubiera hecho caso al médico como lo esperaba él, como niña buena y obediente, Jay habría quedado deshidratado, quizá en coma, y hasta podría haber muerto.

Como mujeres, desde que somos pequeñitas nos enseñan a portarnos bien, a sonreír y ser agradables. Sin embargo, actuar con amabilidad no es una virtud cuando en tu corazón estás segura, totalmente segura, de que estás en desacuerdo con quienes te rodean. Si sonríes, asientes y sigues a los demás, o las autoridades, cuando tu corazón te dice lo contrario, estás traicionándote a ti misma y negando los poderes que Dios te dio para discernir.

Lo que aprendí de este incidente de la estenosis de píloro de Jay me sirvió también unos dos años después cuando tuvo su segunda aventura médica. Estaba poniéndole la pijama una noche, cuando dijo: «Mami, me duele la cabeza». Lo había llevado a que le sacaran su foto esa tarde, y había estado más quieto que lo de costumbre. Pero yo pensaba que era por timidez. Y recuerdo haber pensado: *¿Cómo es que este chico sabe decir que le duele la cabeza? No dice: «Me duele algo» o «me duele», sino «Me duele la cabeza».*

Le tomé la temperatura. Tenía 38,8°C, así que le di acetaminofeno y lo puse en nuestra cama para poder observarlo.

Jay estuvo enfermo toda la noche, dormitando inquieto, llorando cuando despertaba porque le dolía la cabeza. A las siete de la mañana Phillip se fue a trabajar, pero le dije que se mantuviera atento. Para las ocho, el dolor de cabeza de Jay había empeorado y ahora tenía 40°C, así que llamé a la madre de Phillip y le pedí que viniera. Llegó enseguida y llevamos a Jay a ver al médico, el mismo que había diagnosticado su enfermedad anterior. Esta vez nos llevó directamente a la sala.

Revisó a Jay, salió un momento y luego volvió con el saco puesto y me dijo:

«Llame al padre y dígale que nos encontramos en el hospital. Vamos ahora mismo. Yo voy con usted».

Pensé: *Esto es grave. Por lo general te dicen que te tomes tu tiempo para ir al hospital. Pero si el médico viene conmigo, es que es grave.* Le pedí a Grandma que vistiera de nuevo a Jay y corrí a la recepción para usar el teléfono (era 1981, mucho antes de que todos tuviéramos teléfonos celulares). Llamé a Phillip y le dije que nos encontraríamos en el hospital. Los cuatro subimos al auto y salimos a toda velocidad.

Cuando llegamos a la sala de emergencias, el médico y Grandma se bajaron con Jay y yo les dije que estacionaría el auto. Busqué un lugar. Estacioné el auto, lo cerré con llave y corrí hacia el hospital.

Es raro cómo uno recuerda ciertas cosas, porque recuerdo haber cruzado la calle corriendo y que llegué al medio porque venía un auto. El auto redujo la velocidad, se detuvo y yo lo miré como para agradecer que me cediera el paso.

Luego vi quién conducía el auto. Quedé helada porque conocía a esta mujer, cuyo hijito de dos años había muerto el año anterior. Soy una persona que siempre presta atención a todo, y pocas veces me pierdo de algo. Recuerdo que el tráfico avanzaba como en cámara lenta. Recuerdo haberla visto, y que pensé: *¿Por qué veo a esta mujer? ¡De todos los que andan por la calle ahora mismo por qué tengo que ver a esta mujer cuyo hijo de dos años murió el año pasado!*

Ese encuentro tuvo un significado para mí. No pude determinar lo que significaba, pero en ese momento reconocí que algo tenía que significar. Quizá estaba allí para advertirme sobre la cosa terrible, innombrable que podía suceder. O para recordarme que debía agradecer que mi pequeño vivía. O quizá fue pura coincidencia, nada más. Sea lo que fuere que cruzó nuestros caminos, ese día los milagros no terminaron. Algo extraño sucedió un rato después. Pero no quiero adelantarme.

Encontré el cubículo donde habían llevado a Jay. Phillip llegó unos minutos más tarde. Los médicos dijeron que tenían que hacer una punción de médula, un proceso doloroso y en especial peligroso para los niños más pequeños porque el paciente tiene que estarse muy quieto para que se pueda insertar la aguja entre las vértebras sin causar lesiones. Necesitaban que alguien sostuviera a Jay. Phillip dijo que lo haría porque sabía que yo no iba a soportarlo.

Observé mientras envolvían a Jay en una sábana, para mantenerlo quieto sobre la mesa. Iban a meter esa enorme aguja en su espalda. Yo salí corriendo de la sala y busqué un teléfono público para llamar a mi padre. En ese momento mamá trabajaba medio tiempo y no estaría en casa, pero podía hablar con papá. Lo único que podía pensar era en llamarlo para que me acompañara.

«Papá», dije. «Estamos con Jay en el hospital. Está tan enfermo que lo han atado a una mesa y van a... van a... van...» Por mucho que lo intentara, no podía decir «punción de médula». No sé si la frase no me salía o si es que no soportaba decirla. Nada más me quedé allí parada, aferrada al teléfono, sollozando, temblando y repitiendo esas palabras.

—Lo ataron a una mesa, papito, y van a...

—¿Qué? ¿Qué?— decía mi padre.

—Van a... van a...

—Robin. Cálmate y dime qué pasa.

—Es que lo ataron a una mesa y tienen que ponerle una...

Entonces noté que había un hombre sentado en una silla justo al lado del teléfono. Se levantó, me quitó el auricular y dijo:

—Tienen que hacerle una punción de médula. Va a estar bien.

Me devolvió el auricular, y oí que mi padre decía:

—Ya salgo para allá.

Y yo dije:

—Bien, papá.

Me volví a agradecerle al hombre y no lo vi.

Hoy, sigo creyendo que ese hombre era un ángel. Un ángel enviado para que mi padre viniera porque yo no podía decirle nada. Apenas dijo esas palabras: «Va a estar bien», me invadió una sensación de paz y tranquilidad, y pude calmarme lo suficiente como para hablar con mi padre. Papá nos amaba mucho, a Jay y a mí. Yo lo necesitaba en ese momento, pero no podía pronunciar las palabras que hacían falta para pedírselo. Ni siquiera había notado que alguien se hubiera sentado allí, justo al lado, y me pareció que se había materializado de la nada. Cuando me quitó el teléfono, el hombre era tan real como tú o como yo, pero cuando me volví y lo busqué, ya no estaba. Creo en los ángeles. Y ese día, vi uno.

A Jay le diagnosticaron encefalitis viral, una inflamación del cerebro. Probablemente la contrajera a raíz de la picadura de un mosquito (como me sucedió a mí un año más tarde, la experiencia le dio nuevo significado a la frase de Jay: «Mamá, me duele la cabeza»). Estuvo en el hospital durante los cuatro días en que la enfermedad siguió su curso. No hay tratamiento para este tipo de infección, y los médicos lo observaban para asegurarse de que su corazón y pulmones funcionaran bien. El punto es que aún cuando un niño está fuera de peligro y en un hospital de buena reputación, la madre siempre tiene que estar atenta a qué hacer para cuidarlo.

Lo que sucedió es que Jay estaba en su cama del hospital con la línea endovenosa en el dorso de la mano, cuando entraron dos enfermeras. Una tenía casi cincuenta años, y era eficiente y activa. La otra era mucho más joven.

«Hola», dijo la mujer mayor con tono alegre. «Ella es Sandy. Es estudiante y vinimos a cambiar...» hizo una pausa para ver la historia clínica que estaba al pie de la cama, «para cambiar la vía endovenosa de Jay».

«Oh, está bien», dije, sonriendo con eficiencia también. Miré la bolsa de suero de la línea endovenosa, vi que tenía bastante todavía y pensé: *¿Para qué tienen que cambiarla?* No tenía la respuesta, pero pensé que mientras desconectaran la línea podía cambiarle la pijamita a Jay ya que esto era imposible mientras estuviera con la aguja insertada. Me di vuelta para buscar su pijama y luego vi que la enfermera joven sacaba una aguja nueva de un sobre estéril.

Vio que la observaba, y me di cuenta de que estaba nerviosa. Rodeé con mi brazo a Jay y sostuve su manito mientras ella quitaba la otra aguja. Entonces se acercó con la aguja nueva, temblando un poco. La apoyó contra la mano de Jay que comenzó a sangrar. Jay se quejó, y la enfermera mayor dijo: «Está bien. Ahora, cuando vuelvas a intentarlo, tienes que...» Y entonces me di cuenta de que era una clase, un entrenamiento. Estaba usando el brazo de mi bebé para enseñarle a esta chica cómo poner una vía endovenosa.

> Uno no puede estar allí pasivamente, ignorando sus instintos femeninos y maternales, ni en esta ni en ninguna otra situación difícil.

La pobre chica quiso intentarlo otra vez, pero yo ya había tenido suficiente. «Oiga, espere un momento. No lo hará», dije. «Apártese de mi hijo ahora mismo». La joven miró a la enfermera mayor, y yo también.

«¿Era realmente necesario cambiar la aguja?», pregunté. No hubo respuesta.

«No era necesario ¿verdad?», dije. «Está entrenando a esta joven y usa a mi hijo, ¿verdad?» Tampoco recibí respuesta. Ahora estaba enojada.

«Salgan las dos. No quiero volver a ver a ninguna de las dos aquí de nuevo. Y llamen a quienquiera que esté a cargo, ahora mismo». Estaba temblando. Respiré profundo para calmarme, y me ocupé de la pijamita de Jay. Unos minutos después llegó la jefa de enfermeras.

«¿Hay algún problema?», preguntó.

«Sí, lo hubo» respondí. «Entraron dos mujeres, le quitaron la aguja de la mano a mi hijo y luego lo usaron como alfiletero. Le agradecería si usted, usted y nadie más, pudiera insertarle la aguja otra vez. Y nunca vuelva a mandar aquí a nadie que no sepa lo que tiene que hacer».

Créeme. Después de esto, me trataron como a una reina. Se habían equivocado, lo sabían y sabían que yo lo sabía. Hasta hoy en día no sé si hacía falta cambiarle la aguja a Jay. Es posible que la única razón por la que se la quitaron fuera para darle a esa estudiante un cuerpo vivo para que practicara. Pero les hice saber con toda seguridad que no les tenía miedo, y que si querían usar a mi bebé como conejillo de indias, primero tendrían que vérselas conmigo.

Ahora, no quiero criticar a los médicos con lo que cuento. Phillip trabajó en ese hospital durante muchos años, y trabajó con profesionales dedicados y de trato amigable que salvaron la vida de nuestro hijo en por lo menos dos oportunidades. Pero uno tiene que defenderse. Uno no puede estar allí pasivamente, ignorando sus instintos femeninos y maternales, ni en esta ni en ninguna otra situación difícil. Una no puede dejar que alguien pinche el brazo o la pierna de su bebé, así porque sí. Digo otra vez que no se puede permitir que nadie haga nada en tu vida sin pensar, sentir y actuar de acuerdo a tus instintos y conocimiento. No tiene que ver con la obstinación, con ser cabeza dura, o dura de corazón. Tiene que ver con escucharte a ti misma y confiar en lo que oyes.

No siempre es fácil mantener nuestra posición. Quien tiene autoridad puede intimidarnos, en especial cuando no estamos acostumbradas a que nos confronten. Y siempre hay posibilidades de que uno proteste o haga lío para luego confirmar que los otros tienen razón, y entonces quedas como idiota. Pero prefiero arriesgarme a parecer idiota antes que dejarme intimidar y no defenderme ni defender a los míos.

Estuve en una situación similar hace unos años, esta vez con Jordan. Estaba en séptimo grado y hacía mucho deporte. Llegó una noche y me mostró un moretón abultado en la pierna, justo sobre la canilla. No estaba seguro de cómo se lo había hecho, y no le dolía, así que pensamos que había sido jugando al fútbol porque acababa de terminar la temporada. Decidimos esperar a que se le fuera solo. Luego comenzó la temporada de básquetbol y Jordan empezó a practicar después de terminar la escuela y a competir los fines de semana. Empezó también a quejarse de dolor lumbar, lo cual me pareció extraño para un niño de doce años. Me pregunté si se habría lesionado la espalda jugando al fútbol, y recordaba que Phillip se había estropeado el cuerpo jugando en la universidad, por lo que decidí llevar a Jordan a lo del traumatólogo para asegurarme de que todo estuviera bien.

Llevé a Jordan a lo del médico, que lo revisó y dijo que es común que los niños activos de esa edad sientan dolores de crecimiento. Sí, lo llaman así, dolores de crecimiento, y que cuando les duele la espalda es porque crecen las vértebras y se forman diminutas cantidades de material gaseoso que causan molestias en los espacios intervertebrales. Ofreció hacerle una radiografía para asegurarnos de que no hubiera nada malo. Dije que me parecía bien, y luego se me ocurrió:

—Doctor, —dije—. Si le hace la radiografía, ¿podría mirar también ese moretón que tiene en la pierna?

—¿Cuál moretón?, —preguntó.

—No es muy grande —dije—. Está justo en el hueso, en la canilla. Hace bastante que lo tiene, desde que terminó la temporada de fútbol.

El médico lo miró sin inmutarse.

—No me parece que sea nada. Habrá sido por golpes reiterados.

Ese es el momento, el momento intimidatorio en que un experto te dice la verdad sobre una situación y se supone que la aceptes, le agradezcas y te vayas. Pero sucede que la verdad del experto contradice algo que sientes en tus entrañas y sabes que su verdad es distinta a la tuya y tienes que elegir entre ser una niña buena e inclinarte ante la autoridad, o ser una mujer a la que no se le viene con tonterías, que no teme verse como boba cuando actúa por el bien de sus seres amados.

Repiré hondo y dije:

—Sí, pero lo ha tenido durante tres semanas. Si fuera un moretón, tendría que haber desaparecido ya.

—Quizá sí, quizá no. Hay moretones que se tardan más que otros y no sacamos radiografías de cada moretón que tienen los niños. No querrá exponer a un niño a demasiados rayos X.

—Lo sé, —dije—. Pero también sé que todos los demás moretones que ha tenido se han ido en menos de una semana, y me preocupa que este tarde tanto. Así que ¿podría hacerle una radiografía, para que estemos tranquilos? ¿Por favor? —El hombre me miró exasperado, pero aceptó hacerlo.

Estaba esperando en la sala, cuando el médico reapareció y se veía serio.

¿Cuánto hace, exactamente, que el chico tiene esto en la pierna?, —dijo.

Él lo notó hace como tres semanas, pero puede haber sido más, —respondí.

> Sí recomiendo que seas partícipe activa en la creación y mantenimiento del bienestar tuyo y de tus seres amados.

Me alegro de haber hecho la radiografía. Tenemos causa para preocuparnos, así que voy a ordenar una resonancia magnética, que le harán ahora en el piso de arriba. Están esperando. ¿Puede llevarlo ya? No se me escapó que el hombre dijo que se alegraba de haberle hecho la radiografía, como si hubiera sido idea suya. Pero tenía cosas más importantes de qué preocuparme.

Llevé a Jordan al departamento de imágenes, y lo pusieron en una de esas máquinas enormes para hacer resonancias magnéticas. Le dijeron que no se moviera. Yo tenía un miedo terrible, naturalmente, así que hice lo que hago siempre en esas situaciones: llamé a mi esposo.

—Phillip. Hay un problema con Jordan. Su espalda está bien, pero tuve que rogarles que le hicieran una radiografía de ese bulto que tiene en la pierna y piensan que hay una masa crecida allí...

—Habla más lento... más lento...

—...le están haciendo una resonancia ahora mismo. Ese médico fue tan desagradable, Phillip. Le mostré la pierna de Jay y le dije cuánto hacía que lo tenía, y él se mostró condescendiente y no hizo caso. Tuve que rogarle que hiciera la radiografía. Y ahora mi bebé está en una máquina de resonancia magnética y tiene algo que le está creciendo en la pierna.

—Llego enseguida —dijo. Y colgó.

Unos cinco minutos después el traumatólogo salió del ascensor y se acercó hasta donde yo esperaba.

—Señora McGraw, —dijo—, quiero disculparme por la manera en que le hablé antes, y por descartar su preocupación como si no fuera importante.

Bueno, era un cambio. No pude decir nada.

—Entiendo que me comporté como maleducado y no tengo excusa. Esto es serio y no debí haberlo tomado a la ligera cuando usted me lo señaló. No debí haberle faltado el respeto, y me disculpo.

Estaba empezando a pensar que me había teletransportado a un universo paralelo, cuando me di cuenta.

—Por casualidad ¿lo llamó mi esposo?

—Sí, señora.

—Bueno, —dije—. La próxima vez, cuando oiga que una madre se preocupa por algo, escuche, le parezca importante o no.

—Sí, señora McGraw. Lo haré.

El moretón de Jordan era importante, pero no grave. Era un tumor benigno que le estaba creciendo en la tibia, y el traumatólogo, que también era cirujano, pudo sacárselo. Jordan pasó unas noches en el hospital. El tumor jamás volvió a crecer.

Lo que sí vuelve a mi mente, sin embargo, es el recuerdo de esa tarde, y cómo el bienestar de un niño dependía tanto de la persistencia de su madre y no del conocimiento de un médico. Dejó una impronta indeleble en mí, que confirmó lo que había aprendido cuando la estenosis de píloro de Jay quedó sin diagnosticar durante tanto tiempo. No necesitas ser médica para saber cuándo le pasa algo a tu hijo. Y no tienes por qué disculparte con la enfermera o el médico, ni con nadie más, por haberlo dicho.

No es que esté recomendando que desconfíes de los médicos o los enfermeros. Sí recomiendo que seas partícipe activa en la creación y mantenimiento del bienestar tuyo y de tus seres amados.

A veces, tendrás que hacer fuerza. Hay mucha gente que se conforma con solamente dejar pasar las cosas.

No basta con ir a la clínica, esperar tu turno (mucho tiempo, a veces) y pasar tres minutos con el médico (o el asistente o residente de medicina o enfermería), escuchando pasivamente, que te prescriban algo para que te vayas. Tienes que estar totalmente presente, lo cual significa no solo escuchar, sino interactuar con la persona que te está atendiendo.

Siempre hago preguntas. Si un médico me dice algo que no entiendo, le pregunto de qué me habla. Si leí u oí algo que quiero confirmar o descartar, menciono el tema. Si el médico parece pasar por alto algo que a mí me parece importante, lo digo. Y si parece ignorar lo que digo o siento, se lo hago saber con educación pero con firmeza, para que sepa que deberá reconocerme. No te dejes intimidar sólo porque no tienes diploma profesional. No necesitas ser profesional para conocer tu cuerpo, tu mente o tu familia. No soy médica, ni abogada, ni maestra, pero esto no me impide leer todo lo que caiga en mis manos y aprender sobre los temas que tienen que ver conmigo y con mi familia.

Pregúntale, si no, a la gente del banco de Waco, Texas, donde tenía cuenta hace treinta años. Phillip estaba haciendo su internado y yo trabajaba y cuidaba muy bien de nuestras finanzas. Así que me sorprendió y preocupó que alguien del banco me llamara a la oficina para decirme que un cheque mío había sido rechazado. Sabía que no era posible, porque yo misma hacía el balance de la chequera todos los meses, y llevaba registros de los cheques y depósitos en la cuenta. Cuando uno crece siendo pobre, presta mucha atención apenas comienza a ganar dinero, por poco que sea. Además, había trabajado en un banco por lo que sabía que enseguida buscan cobrarte por cosas si saben que no estás atenta.

Fui al banco a la hora del almuerzo y me senté con una representante de cuentas, frente a uno de esos escritorios de madera tan grandes. Me dijo que yo había pagado con un cheque en el almacén, y que el cheque había rebotado porque no había suficientes fondos en la cuenta.

—Tiene que haber un error —dije—. Porque no hay posibilidad de que la cuenta no tenga fondos como para cubrir dieciséis dólares con treinta y siete centavos.

—No es un error —dijo ella—. No es usted la primera persona en esta situación: nadie jamás cree que su cuenta se ha sobregirado. Créame. Pasa todo el tiempo.

—Bueno, a mí no me pasa. —Ahora estaba enojada—. Quisiera ver los registros de nuestra cuenta, por favor, porque sé que no tendrían que haber rechazado ese cheque.

—No servirá de nada, sabe —dijo ella.

—Quizá no. Pero quiero verlos de todos modos. Si no le molesta. La mujer era tan altiva y arrogante que me molestaba todavía más. Desapareció durante unos minutos y salió con una hoja impresa donde aparecían los depósitos y retiros que habíamos hecho, y los cheques que habíamos emitido. Estaba todo allí, frente a mis ojos, pero yo sabía que estaban equivocados.

—No es posible No es posible —dije.

—Bueno, así es —dijo la señorita Sabelotodo—. Mírelo. Es obvio. Tendrá que aceptarlo. Ohhh, sí que me enojaba.

—Debe dejar de hablarme en ese tono ahora mismo —dije—. Porque sé que se han equivocado.

—No nos equivocamos.

—Ah, sí que se equivocaron, y encontraré el error aunque tenga que quedarme sentada aquí el día entero. —Pregunté si podía usar el teléfono y llamé a Phillip (siempre llamo a Phillip).

—Phillip —dije—. Lamento molestarte. ¿Por casualidad retiraste dinero de la cuenta?

—No. Tú tienes la chequera, ¿verdad?

—Así es. Pero me pregunto si viniste al banco y llenaste una boleta de retiro de fondos y sacaste dinero de la cuenta.

—No. No fui al banco.

—Bien. Porque aquí estoy en el banco y me dicen que fue rechazado un cheque de dieciséis dólares y treinta y siete centavos. Sé que no es posible porque según mis registros, tenemos más de trescientos dólares en la cuenta, así que se tienen que haberse equivocado.

—Robin. Los bancos saben lo que hacen —dijo mi esposo—.
—Tienen computadoras, y saben lo que hacen. Así que es probable que la equivocada seas tú. Tendrás que revisar los registros otra vez. Creo que esta vez, tendré que darle la razón al banco. Mira, estoy en medio de algo ¿podemos colgar ya?

Bueno... gran ayuda.

Había esperado que dijera: «No te preocupes. Voy para allá», que es lo que a menudo hace, como ya conté. O podría haber dicho: «Robin, mantente firme, porque estoy seguro de que tienes razón». Pero no lo hizo. Dijo que le daría la razón al banco. Yo dije: «Muy bien», y colgué.

Estaba sola. Era yo contra el banco, y no iba a irme hasta aclarar este asunto. Llamé al trabajo y les dije que volvería tarde de mi hora de almorzar. Luego, presté atención a la representante de cuentas y le pedí que por favor buscara los registros de nuestra caja de ahorros. Se veían bien. Así que le pedí que obtuviera otro registro, de esto, y de aquello otro, y cuanto más investigaba yo, tanto más dura se volvía. Hacía comentarios como: «Ojalá confiara en nosotros». «Esto es una pérdida de tiempo para todos». Cuanto más cortantes sus comentarios, tanto más decidida estaba yo a quedarme en esa silla hasta encontrar el error. Me imaginaba al encargado de la limpieza encerando el piso a la medianoche, y yo todavía allí, estudiando los registros.

No tomó tanto tiempo. Diez minutos más tarde, encontré una anotación en mi chequera, de un depósito que no aparecía en los registros computarizados del banco.

—Mire aquí —dije—. Hace tres semanas deposité cuatrocientos dólares que no aparecen en sus registros.

La mujer tomó la hoja impresa, y recorrió con el dedo la columna de cifras.

—Lo anoté en mi chequera, ¿ve? —y le mostré el recibo de la caja registradora—. Así que ¿dónde está esto?

—No aparece.

—Exactamente. Hay que ver qué pasó con ese depósito.

—Señora, usted no hizo ningún depósito. Quizá piense que sí lo hizo, pero es obvio que no... —dijo.

—¿Sabe qué, señorita? Yo hice este depósito. Lo traje a la ventanilla que está allí... —y señalé el sector de las cajas—, y se lo di al cajero que está allí. Así que vaya, por favor, y tráigame la lista de depósitos de ese día, de todo el banco.

Si las miradas pudieran matar, yo habría sido cadáver en ese mismo momento. La mujer se levantó, y desapareció tras una puerta. Tardó mucho en volver, quizá quince o veinte minutos. Por fin apareció con otra lista impresa, y cara de avergonzada.

—Lo lamento —dijo—. Usted tenía razón. Es culpa nuestra. —Y explicó que por error, habían acreditado mi cheque en la cuenta de otra persona.

Me había reivindicado. Y aunque sentía la tentación de descargarme con la mujer, logré contenerme de manera admirable. No hice alarde, ni la desprecié, ni salté sobre su escritorio, ni bailé la danza de la victoria, que es lo que habría querido hacer en verdad.

—Bueno, sabe, todos cometemos errores —dije—. Es que yo sabía que tenía razón y no me iba a ir hasta que usted lo supiera también.

> Tienes que escuchar esa vocecita dentro de ti que te dice la verdad. Es tranquila y firme y tiene certeza porque viene de lo más profundo de ti, de la parte de ti que sencillamente lo sabe. Cada uno de nosotros tiene profunda sabiduría interior que proviene de nuestras experiencias en la vida, pero no siempre confiamos lo suficiente como para obedecer.

—Lo lamento tanto, señora McGraw. ¿Cómo podemos compensarla?

—¿Sabe qué puede hacer? Primero, puede acreditar el depósito en mi cuenta. También puede acreditar todo lo que cobraron por el cheque rechazado. Puede tomar el teléfono y decirle al del almacén que cometieron un error, que mi cheque sirve perfectamente y que podrán volver a depositarlo cuando quieran. Por favor, alcánceme la guía y le daré el número.

Llamó a la tienda, explicó la situación y luego me miró con toda la dulzura que pudo.

—¿Algo más, señora McGraw?

—Sí, por favor. Quisiera que escriba una carta en papel con membrete del banco, explicando que el cheque fue rechazado por error, y que haga que el presidente del banco la firme, en caso de que me hagan preguntas si vuelvo a comprar allí.

—Muy bien, entonces...

—Oh, y hay algo más —dije. Ya estaba tomando carrera—. Me gustaría que escribiera otra carta, también en papel con membrete del banco, explicando el error. Y que la dirija a mi esposo. —Esperé allí, sentada, mientras las escribía.

En realidad, yo no estaba enojada con Phillip. Él estaba ocupado con su internado y no podía esperar que viniera a ayudarme cada vez que estuviera en problemas. Pero lo mismo pensé: *No voy a permitir que nadie me atropelle y me diga que estoy equivocada cuando tengo razón.* De eso se trataba: tenía fe en mí misma, al punto de saber que no había forma de que hubiera sobregirado la cuenta.

Tienes que escuchar esa vocecita dentro de ti que te dice la verdad. Es tranquila y firme y tiene certeza porque viene de lo más profundo de ti, de la parte de ti que sencillamente lo sabe. Cada uno de nosotros tiene profunda sabiduría interior que proviene de nuestras experiencias en la vida, pero no siempre confiamos lo suficiente como para obedecer. Ese día, cuando hice caso a mi sabiduría interior, aprendí que cuando sabía que estaba en lo correcto haría todo lo posible y podría con todo y con todos, y que ganaría.

La mujer se esforzó por presionarme y convencerme de que estaba equivocada. Pero yo seguí allí hasta que la convencí de que mi verdad estaba más cerca de la realidad que la suya. Y seguiría allí todavía si hiciera falta todo este tiempo para probar que tenía razón. Porque cuando tengo razón, tengo razón.

Ahora, quiero dejar algo bien en claro: no digo que siempre tenga razón. Todos cometemos errores, y yo me incluyo. Es probable que otras veces un cheque mío rebotara porque pensé que había hecho un depósito que nunca llegué a hacer. Pero en esta instancia, sabía que había depositado ese dinero en el banco, tenía el comprobante, en blanco y negro, y cuando uno sabe que tiene razón, se desfavorece si no se defiende.

Es muy importante que las mujeres no tengamos miedo a mantenernos firmes. Muchas mujeres abdican o renuncian a su responsabilidad como adultas maduras y pensantes, porque se les ha enseñado que deben deferencia a la autoridad, en especial si la autoridad es un hombre. Las mujeres muchas veces abandonamos pronto nuestra sabiduría interior cuando alguien con poder nos contradice.

No temo cuestionar la autoridad. No estoy dispuesta a entregar mi poder a nadie, solamente porque esté tras un escritorio o lleve una casaca blanca. Creo que soy responsable por lo que me pase, y por lo que pase con quienes están a mi cuidado, y que esto es cierto para todos nosotros. Creo que es responsabilidad mía defender lo que creo que es correcto, no importa lo incómoda que me sienta. Además, creo que es lo que Dios quiere que haga. Él me bendijo con la habilidad inteligente de poder pensar por mí misma, y con padres que me enseñaron a confiar en mi criterio, y creo que estaría desperdiciando estos dones del cielo si no los usara bien en esta tierra.

Defiéndete. No hace falta ser bravucona. No hace falta ser mala. Pero cuando se trata de cuidarte, la responsable en última instancia eres tú misma. Y no hablo de emergencias médicas o disputas comerciales nada más, donde lo que está en juego es obvio. También hablo de situaciones cotidianas en que no te traten como mereces o quieres, y que pasas por alto porque no quieres provocar conflictos con tu familia, amigos o cónyuge. Siempre existe la tentación de ignorar estos episodios, diciéndote que no vale la pena, o no hay por qué pelear, cuando de hecho, no hace falta que toda diferencia de opinión se vea como conflicto. En realidad aprendí temprano en mi matrimonio que a veces la mejor forma de conquistar al otro lado es uniéndote a él.

No es secreto que no me guste que me digan qué hacer. Como sabrás por lo que leíste en este libro, suelo pensar antes de actuar, y me hago cargo de mis acciones. Lo cual no quiere decir que nunca sea impulsiva. No tendría tantos zapatos de tacón si pensara todo con el mismo cuidado. Pero cuando se trata del hogar y los hijos, siempre me he visto como una mujer organizada y confiable.

Por eso me sorprendió unos años después que Phillip decidiera que yo necesitaba regirme por un presupuesto. Jay estaba en primer grado,

Jordan era bebé y vivíamos bien, así que esto me tomó con la guardia baja. Phillip había crecido en un hogar pobre y yo sabía que le gustaba tener bien en claro cómo gastaba su dinero (o en este caso, cómo lo gastaba yo). Siempre dijo que quería saber exactamente dónde va cada centavo porque no quiere gastar dinero en algo y luego arrepentirse a los seis meses porque necesitaba el dinero y lo había gastado en algo estúpido.

Aunque tampoco gasto el dinero en cosas estúpidas, muchas veces digo:

«Oh, bueno. Anímate. ¡Divirtámonos!»

Si quiero algo y podemos pagarlo, lo compro. Así que quizá podamos decir que uno de los temas que conversamos con mayor vehemencia es el del dinero. No porque gastemos dinero que no tenemos, nunca lo hice, ni tampoco Phillip. Pero sí tenemos prioridades diferentes cuando de dinero se trata, un hecho que no se manifestó hasta que comenzamos a tener mayor ingreso.

Hasta ahora no había habido problemas (al menos yo nunca creí que lo había habido). Teníamos un buen sistema: yo no le decía cómo hacer su trabajo y él no me decía cómo hacer el mío. Yo tomaba todas las decisiones de la casa: cuándo comer, qué comer y cómo cocinar. Investigaba todo: el vecindario, las escuelas, los jardines de infantes, los médicos (sí, los elegía), dentistas, maestros de música, equipos de deporte, y decidía dónde viviríamos, a qué escuela irían los niños, a quién acudiríamos en caso de problemas de salud, etc. También veía qué cosas hacían falta y hacía el noventa y nueve por ciento de las compras.

Pensaba que esto funcionaba muy bien. Phillip confiaba en mí y yo creía estar haciendo mi trabajo muy bien. Luego, de repente, viene y dice:

—Robin, creo que sería buena idea hacer un presupuesto.

—¿Un presupuesto?, —dije.

—Sí, ya sabes. Registrar cuánto gastamos.

—Dices "gastamos" pero la que gasta el dinero soy yo casi siempre. Soy quien hace las compras y la que emite cheques, más que tú. Y todos los meses hago el balance de la chequera, y parece que todo va bien ¿Hay algún problema?

—No, no hay ningún problema. Nada más creo que nos vendría bien tener ciertos lineamientos para los gastos.

Phillip repasó cuánto dinero se iba en la hipoteca y los servicios cada mes y me mostró una lista que había preparado de cuánto pensaba que costaba comer, vestirse, comprar juguetes, cosas de la escuela y los eventuales gastos extra de la casa.

—Esto es lo que creo que deberías gastar por semana en comida, —dijo señalando una cifra que era casi la mitad de lo que gastaba yo por lo general.

Miré el presupuesto pulcro y detallado que había preparado. No hubiera sido tan malo si hubiese tenido la más remota idea de lo que costaban las cosas.

—Phillip, —dije—. No sabes lo que pago por las cosas. Gasto casi el doble en alimentos de lo que pusiste allí.

—Bueno, entonces multipliquemos esa cifra por dos, —dijo anotando un número diferente—. Pero lo que esté fuera de los totales que anoté aquí, deberemos conversarlo.

—Quiero estar segura de entenderte bien, —dije—. Estás diciendo que si necesito algo que no esté en esta lista, algo fuera del presupuesto, tengo que conversarlo contigo antes de comprarlo.

—Sí. Eso es lo que quisiera hacer.

—Muy bien, entonces.

Has estado leyendo que todo tiene que ver con nuestras decisiones, ¿verdad? Bien. Acabo de tomar una.

A la mañana siguiente llamé a Phillip al trabajo:

—Hola, amor. Escucha, acabo de llevar a Jay a la escuela y tengo que comprarle ropa, pero no está en el presupuesto, así que ¿te parece bien que gaste $600 en uniformes para este año?

—Sí, Robin, está bien.

—Gracias, amor, —dije. Una hora después lo llamé otra vez—.

Hola amor, perdón por molestarte, pero estoy en el vivero y tienen una oferta en plantas perennes, para los canteros de la casa. ¿Está bien si elijo el equivalente a unos $100 en flores y las planto en el jardín del frente? Sé que no están en el presupuesto, pero se verían muy lindas.

—Sí, Robin. Ve y compra las flores. Estoy con un paciente ahora.

—Oh, perdón.

Esa tarde volví a llamarlo.

—Hola amor. ¿Recuerdas que te dije que los frenos hacían un ruido raro? Bueno, estoy aquí con el mecánico y dice que fue buena idea venir porque están gastadas las pastillas. Costará unos...

—Robin, no quiero que andes con el auto sin frenos. Que los arreglen.

—Oh, gracias. Gracias amor.

Ese presupuesto duró un día. *Un día.* Según mi punto de vista, era tarea mía administrar la casa, y hasta entonces lo había estado haciendo bien. No creía que fuera necesario un supervisor. Lo que quise decirle a mi esposo era: *Hasta que te demuestre que no sé hacer mi trabajo, no intentes decirme cómo tengo que hacerlo.*

Sabía que si se lo hubiese dicho, habría parecido presuntuosa. Tenía que defenderme, pero haciéndolo de modo que funcionara, así que le mostré a Phillip que su idea de hacer un presupuesto le costaría más en tiempo y molestias que lo que pudiera ahorrar supervisándome de cerca. Cuando llegó a casa esa noche, el presupuesto había pasado a la historia.

Toda mujer es distinta, y lo que funciona para mí quizá no sirva para ti. Sin embargo hay algo que funciona para todas, y es la confianza en ti misma. No hay nada en la confianza que merme tu feminidad. De hecho hay muchos hombres que dicen que no hay nada más atractivo que una mujer que sabe lo que quiere y defiende lo que piensa. Cuando sientes confianza en ti misma le dices al mundo que no dejarás que nadie se aproveche de ti. Enseñas a los hombres de tu vida a tratarte con respeto y dignidad y das a tus hijos un ejemplo de lo que puede lograr en este mundo una mujer independiente (y que es una bendición para su esposo).

Ten confianza en ti misma. Confía en tu criterio. Cuando sepas que tienes razón, no permitas que nadie te contradiga. No te detengas ni retrocedas. Mantente firme y defiende lo que sabes que es cierto. Si no lo haces, nadie lo hará por ti.

Capítulo 8

EL CORAZÓN
DE MI HOGAR

Cuando me senté a escribir este libro no estaba segura de dónde comenzar. Ahora no quiero que acabe. Una vez que agarré el ritmo vi que no es muy distinto a limpiar el ático: ves que es un trabajo enorme y no estás muy segura de qué podrás encontrar, así que vas postergándolo durante un tiempo. Pero un día te sientes con ánimo y subes por la escalerita que te lleva en un viaje por el túnel del tiempo, hacia tu interior. Abres una caja, sacas un sonajero y recuerdas la música que hacía tu bebé cuando lo sacudía. Una hora más tarde sigues allí sentada con el sonajero en la mano y la cabeza llena de recuerdos de la persona que eras cuando tu bebé jugaba con él, de la persona que eres hoy, y de todo lo que ha pasado en todo ese tiempo.

Así ha sido para mí escribir este libro. He sacado recuerdos casi olvidados, los he desempolvado, y los he revivido como si hubiesen sucedido ayer. Oí las voces de mis padres, la risa de mis hijos, vi el pelo alborotado de Phillip el día en que nos conocimos y el corte horrible de cabello que me hizo mi abuela a los siete años. Olí las velas aromáticas que enciendo en la casa, y el pastel que mi madre preparó para mí el día que murió. Reviví momentos que creía olvidados para siempre, y me han dado mayor visión de quién era yo entonces, y de quién soy hoy.

> Y por sobre todas las cosas, soy el corazón de mi hogar.

Como todo el mundo, no soy una sola persona sino muchas. Soy hija de padres que ya no están, hermana de cuatro adultos con cicatrices como las mías causadas por crecer en un hogar lleno de amor pero también de caos. Soy esposa de un hombre cuyo corazón está en mis manos. Madre de hijos cuyas vidas me son más preciosas que la mía. Soy cuñada y nuera y pronto tendré una nuera también Y por sobre todas las cosas, soy el corazón de mi hogar.

¿No son todas las mujeres el corazón del hogar? Ya sea que vivamos solas o en un hogar con tres generaciones bajo el mismo techo, sea que trabajemos fuera o en casa, o que seamos ama de casa, somos las mujeres quienes nos aseguramos de que haya comida en el refrigerador, cortinas en las ventanas, sábanas en las camas y un abrazo para quien lo necesite. Con pocas excepciones, es el espíritu de la mujer lo que da calor a la casa, brillo a los rincones en sombras, y la que brinda a todo quien viva allí un lugar delicado donde dejarse caer. Hay tantas formas de hacer esto como la cantidad de diferencias que existen entre una mujer y otra. Todas tenemos nuestra propia manera de ser en este mundo y crear el gozo y el calor que hacen de una casa un hogar.

Siempre elegí cultivar un espíritu de felicidad en nuestro hogar. No se creó solo. Yo lo hice así. No me basta con ser feliz yo. Elegí esparcir un espíritu de alegría y diversión en la familia. Si no lo hago, Phillip y los chicos quizá no lo tengan y es exactamente lo que necesitan.

Si no estuviera yo aquí mi esposo probablemente trabajaría todo el tiempo, y no es el único: a menudo oigo decir a muchas mujeres que sus maridos han olvidado cómo dejar el trabajo y divertirse. Muchas trabajan también, así que entienden lo difícil que es el malabarismo de las responsabilidades profesionales y personales. Aún así parecen estar logrando divertirse y hacerse tiempo mejor que sus esposos, y no saben cómo ayudarlos a lograrlo. Sé lo que es estar casada con un hombre que ama su trabajo, y me gustaría pasarles algo que aprendí: una de las mejores formas de hacer que tu esposo sea feliz, es siendo feliz tú misma. Phillip no podría soportarlo si pensara que no soy feliz por algo, y sé que le da paz verdadera a su vida, y a nuestro hogar, saber que estoy donde quiero estar, haciendo lo que quiero hacer.

Intento hacer que todo sea divertido para mi familia. Cuando los niños eran pequeños y Phillip yo teníamos que dejar la ciudad, Phillip viajaba mucho dictando seminarios y a veces lo acompañaba, entonces los dejaba con sus abuelos, que los engreían a más no poder. De todos modos, y para asegurarme de que no nos extrañaran demasiado tomaba bolsitas, y si íbamos a estar fuera el lunes, martes y miércoles, les ponía etiquetas: Lunes en la mañana, Lunes en la tarde, y así.

Dentro ponía una notita con algo divertido: un autito, un chicle, un chupetín, cosas que les gustaran. Ellos las abrían al despertar por la mañana o antes de ir a dormir. Era mi forma de hacerles saber que a veces mamá y papá tenían que irse juntos pero que siempre los estaban amando y que pensábamos en ellos todo el tiempo.

También hacía que los feriados fueran algo muy importante. En la primavera compraba servilletas decoradas con huevos de Pascua y pollitos, escribía un mensaje en la servilleta y la ponía en sus loncheras para que tuvieran una notita de amor de parte mía mientras estaban en la escuela. El Día de San Valentín les compraba globos rojos con forma de corazón y los ataba a sus sillas antes de que bajaran a desayunar. En sus cumpleaños escribía con lápiz labial un mensaje en el espejo del baño mientras dormían para que al despertar, fueran al baño y tuvieran una sorpresa.

Muchas veces intentaba sorprenderlos. Cuando Jay jugaba partidos después de la escuela, yo iba hasta allá y le llevaba un almuerzo caliente porque su escuela no tenía cocina y tendría hambre durante el partido si no había comido algo sustancioso. Les servía su comida favorita los días de partido y los sorprendía con su postre favorito. A veces hacía torta de galletas de chocolate (con masa de galletas extendida en una asadera), ponía sobre el pastel su número de camiseta con lentejas de chocolate y se las daba cuando volvían de jugar. Les gustaba esto no sólo porque les hacía sentir que esos días eran especiales sino porque también era una forma de mostrarles que yo sentía que ellos eran especiales.

De todas las fiestas, la Navidad es la más tradicional en nuestro hogar, con un árbol enorme decorado, toneladas de regalos y mucho tiempo compartido. Una de nuestras tradiciones favoritas es asistir a los conciertos de la iglesia. A veces visitamos otras iglesias porque nos gusta oír villancicos cantados por coros distintos.

> Los hombres tienen algo: les encanta saber que sus esposas los aprecian. A veces el mejor regalo que puedes darle a tu hombre es reafirmar que su felicidad es importante para ti.

Pero en otros días especiales, nueve de cada diez veces nuestra celebración preferida es quedarnos en casa, tener una cena simple y casi nunca nos damos regalos. Es bastante común que Phillip y yo no nos regalemos nada en los cumpleaños o aniversarios, porque expresamos nuestra mutua gratitud durante todo el año. Los hombres tienen algo: les encanta saber que sus esposas los aprecian. A veces el mejor regalo que puedes darle a tu hombre es reafirmar que su felicidad es importante para ti. Es bueno recordar que los hombres tienen sentimientos aunque se esfuercen por ocultarlos.

Una mañana de Navidad hace muchos años estaba yo abriendo el regalo de Phillip y lo miré porque quería ver cómo me observaba. Tenía esa mirada que tienen los hombres cuando hacen algo especial por ti y no pueden esperar a ver tu reacción. Rompí el papel, levanté la tapa, y con un grito de alegría y sorpresa levanté el contenido para que todos lo vieran. Era una chaqueta de gamuza negra decorada con flecos en el frente, la espalda y los puños y bordada con lentejuelas y mostacillas rojas y azules.

Era algo impactante, único, bellísimo, pero no me gustaba. Me volví a Phillip y vi que estaba radiante, como Jordan y Jay se veían al darme sus tarjetas para el Día de la Madre. Pensé: *Está tan orgulloso de haber escogido esto para mí. Debe haber pensado: «Voy a comprarle ropa», y eligió esta chaqueta y quiere que me la ponga.* Pero no me gusta para nada. Jamás le habría dicho esto.

«¡Oye!» dijo expectante y con el rostro encendido. «¿Te gusta?»

«Oh, amor. Es un regalo bellísimo», dije y le eché los brazos al cuello, abrazándolo. El hecho es que la chaqueta era hermosa, aunque tan solo fuera porque él la había comprado y quería que me gustara.

Todo el día mostré la chaqueta y esa noche la colgué en mi armario. En varias ocasiones, cuando Phillip me llamaba desde la cancha de tenis para decirme que estaba llegando para cenar, me la ponía como si la hubiese tenido puesta todo el día. Y cuando entraba me veía con la chaqueta puesta, y se veía tan contento que yo sabía que lo estaba haciendo feliz. Nunca dije nada porque pensé que sería demasiado obvio. Me la ponía siempre, pero jamás fuera de la casa. Lo gracioso es que quizá hoy me gustaría de veras porque mi gusto ha cambiado. El desafío estaba en encontrar cómo mostrarle a mi esposo que amaba lo que simbolizaba la chaqueta, aunque el objeto en sí no me gustara.

Ahora, si piensas que no estaba siendo sincera con Phillip esa mañana, tienes razón. Estaba siendo auténtica, pero no honesta, porque ser totalmente sincera habría sido ser brutal e hiriente. Tengo que decirte que si tuviera que hacerlo otra vez, no cambiaría ni un detalle porque fue una oportunidad de mostrarles a mis hijos que los sentimientos de mi esposo, su padre, me importaban. Como corazón de mi hogar creo que es responsabilidad mía aprovechar toda oportunidad de enseñarles a mis hijos que los sentimientos de los demás importan. No es que me parezca bien engañar, y jamás engañaría a alguien respecto de algo de importancia. Pero todos fingimos un poquito, como cuando nos despedimos de alguien y le decimos que le veremos pronto cuando sabemos que esa noche sí le veremos porque estamos preparándole una fiesta sorpresa, o le hacemos creer a nuestros hijos que no les compramos el regalo de cumpleaños que tanto quieren. No me digas que no le dijiste nunca a una amiga que te gusta el color con que pintó su comedor, o el suéter que le dio su novio cuando piensas en realidad que es la cosa más espantosa que hayas visto. Esa mañana, los sentimientos de Phillip eran mucho más importantes que la sinceridad con respecto a cuánto me gustaba o no la chaqueta.

Siempre les enseñé a mis hijos a ser sensibles con respecto a los sentimientos de los demás. Creo que es muy importante mostrar compasión no sólo por la familia, sino también por los amigos u otras personas. Aproveché cada oportunidad de enseñarles esto a mis hijos y siempre me ha encantado ver que aprendían lo que intentaba enseñarles.

Recuerdo el día en que Jordan volvió de la escuela con expresión preocupada: «Mamá, siento pena por ese chico, Sam. Derek lo molesta todo el tiempo. Solían ser amigos pero ahora Derek y sus amigos decidieron que quieren burlarse de él. Todo el tiempo en el aula se ríen de lo que hace y realmente me da mucha pena. Sam ni siquiera quiso seguir viniendo al comedor, pero yo entonces decidí sentarme con él, así que aceptó venir a comer. Pero no es solamente durante el almuerzo. Es todo el tiempo».

Quiero decir algo de Derek. Era el chico más molesto y maleducado que haya visto en mi vida, pero sus padres donaban muchísimo dinero a la escuela, así que el director y los maestros hacían la vista gorda. Derek siempre se salía con la suya. Y como era robusto, los chicos solían ponerse de su lado porque sabían que si no lo hacían, serían el próximo objeto de sus ataques.

Esa noche durante la cena Jordan nos contó qué sucedía.

—¿Qué es lo que le hace a Sam?, —preguntó Phillip.

—Lo tomó del brazo y le dijo que levantara su libro, —dijo Jordan—.

—¿Y qué hizo Sam?

—Primero lo ignoró, pero después Derek lo empujó así que Sam levantó el libro, lo tiró sobre su escritorio y se alejó. Sam no quería problemas con los maestros por meterse en peleas.

Phillip dejó sus cubiertos sobre la mesa y miró a Jordan a los ojos:

—Si alguien llegara a ponerte la mano encima, nunca, nunca temas meterte en problemas por protegerte. Entiendo por qué Sam no quiso pelear, pero tienes que saber ahora mismo que tienes mi permiso para pegarle unos buenos golpes a quien intente molestarte o abusar de ti. Si intentan castigarte o echarte de la escuela, bien. Nos ocuparemos de eso. Llamaré al director y le diré que te di permiso para que le patearas el trasero a Derek, o a quien sea que intente ponerte un dedo encima. Así que no te estoy diciendo que busques pelea, no. Pero sí tienes el permiso de papá y mamá para defenderte, en el momento que sea.

Ni Phillip ni yo pensamos que una pelea es la forma de resolver un conflicto, pero sentimos que era nuestro deber de padres asegurarnos de que Jordan supiera que no sólo tenía nuestro permiso sino nuestra bendición para hacer lo que fuera necesario por protegerse. Y yo sentí que era mi deber de madre llamar a la mamá de Sam para decirle lo que estaba padeciendo su hijo. Como corazón de su hogar, ella tenía derecho a saber. Los chicos a esa edad no siempre son abiertos para contar lo que les pasa, y si ella supiera que alguien molestaba a mi hijo, me habría gustado también que me lo dijera. Porque si me entero que alguien está siendo injusto con mi hijo, voy a ir directamente a hablar con quien esté a cargo, en especial si el injusto es *quien está a cargo*.

Esto pasó a fines del séptimo grado cuando Jordan estaba estudiando para los exámenes. Quería prepararse para su examen final de inglés, así que sacó una cita para reunirse con su maestro todos los días entre las 6:30 y las 7:30 durante la semana de finales para repasar el material de lectura.

Vivíamos a una media hora de la escuela, así que teníamos que salir a las 6.00 de la mañana para llegar a tiempo. El día del examen final desperté a Jordan a las 5:15 y él se vistió con sus pantalones negros de correr, una camiseta limpia y zapatillas. Manejé hasta la escuela, lo dejé allí a las 6:30, le deseé suerte, di la vuelta y emprendí el camino de regreso. Acababa de entrar en la casa cuando sonó el teléfono. Era Jordan y sonaba bastante molesto.

—Mamá ¡estoy tan enojado! El señor Connelly dijo que no puedo ponerme los pantalones de deportes y me hizo poner estos horribles shorts. Están arrugados y no van bien conmigo. No los quiero pero él dice que tengo que usarlos.

Parece que el director había pasado por allí durante la sesión de estudios de Jordan, y le informó que su ropa era demasiado informal, por lo que lo llevó al cuarto de ropa perdida y no reclamada, encontró unos pantalones cortos color caqui y lo obligó a ponérselos. Conozco a mi hijo y sabía que no podría concentrarse en el examen si tenía que estar allí sentado con esos pantalones cortos viejos y feos que nadie había reclamado.

—Jordan, ¿cuánto falta para que empiece el examen?

—En la segunda hora... serán unos cuarenta y cinco minutos, creo.

—No te preocupes, amor. Ya voy a llevarte otros pantalones.

Corrí al dormitorio, tomé un par de jeans del armario de Jordan y volví al auto. Todo esto de los pantalones cortos no tenía sentido para mí. Era una escuela privada, y una de las cosas que nos gustaba era que no exigían uniforme. Además, el código de la escuela era más implícito que explícito u obligatorio, y todos sabíamos que los chicos podían vestirse con ropa más informal los días de examen, así que no veía cuál era el problema.

La primera hora de clase estaba terminando cuando llegué, así que fui directo al aula de Jordan. Le di los jeans, esperé a que se cambiara en el baño y tomé los pantalones cortos cuando salió. Le deseé suerte por segunda vez ese día. Luego, con los pantalones cortos bajo el brazo fui hasta la oficina del director y golpeé la puerta.

—Hola. Pase, por favor, —dijo y me indicó que entrara.

—Hola, señor Connelly ¿cómo está?, —dije.

—Bien, señora McGraw, ¿y usted?

—No muy bien el día de hoy.

—¿De veras? ¿Cuál es el problema?

—Ante todo, quiero devolverle esto, y puse los pantalones cortos sobre su escritorio.

—Oh, gracias. Es obvio que a Jordan no le gustaron.

—No. Para nada. Tampoco a mí. ¿En qué estaba pensando, señor Connelly?

Levantó la mirada de repente.

—¿Cómo dice?

—Mi hijo ha estado levantándose a las 5:30 todas las mañanas para venir a la escuela y estudiar con su maestra de inglés, porque quiere sacar buenas notas en su examen final. Se puso un par de pantalones de correr, que sé que están limpios porque los lavé anoche. Y usted ¿justamente el día del examen final encuentra necesario agarrárselas con su ropa? ¿Por qué se ocupa de un par de pantalones, que dicho sea de paso, cubrían su cuerpo más que ese par de pantalones cortos que le prestó? Pienso que no usó su mejor criterio, señor Connelly. Agradezco haber tenido tiempo para venir hasta aquí para darle sus jeans, porque ¿sabe qué? Aunque no tenga que llevar puestos esos pantalones cortos, a mi hijo le resultará difícil concentrarse en su examen final porque usted lo conmocionó con todo eso. Y si falla, exigiré que le permita volver a dar la prueba.

El hombre me miró, bajó la vista y luego volvió a mirarme:

—Señora McGraw, tiene toda la razón. Lo entiendo. No debí haberlo hecho.

Con eso, le agradecí y salí de la oficina.

Dije antes que aprendí a elegir mis batallas, y se ve que este hombre no había aprendido lo mismo. Esta batalla la elegí porque pensé que como director tendría que haber ayudado a mi hijo a concentrarse en sus estudios, y no distraerlo por una supuesta violación al reglamento de vestimenta.

También elegí esta batalla porque pensé que era importante que el esfuerzo extra que había hecho Jordan para prepararse no fuera saboteado por alguien obsesionado con las reglas. Me rompió el corazón y me enojó muchísimo pensar que lo que Jordan podía aprender de este episodio era que no valía la pena levantarse antes del amanecer y estudiar porque en última instancia importaría más su ropa que su mente. También estaba el hecho de que su maestra había ido temprano toda la semana para trabajar con él y que Jordan se había comprometido no solamente consigo mismo sino con ella a dar bien este examen. Me pareció importante que se le diera toda oportunidad de cumplir con este compromiso (y sí dio resultado, porque le fue bien en el examen).

Era una prioridad para nosotros enseñarles a nuestros hijos a comprometerse cuando eran pequeños y por eso les alentábamos a jugar deportes en equipo. Nos tomábamos muy en serio la participación en el equipo y enseñábamos a los chicos que si un entrenador se toma el tiempo de trabajar contigo, le debes a él y al resto del equipo tu presencia y desempeño. No puedes faltar a las prácticas nada más porque te sientes cansado o no tienes ganas de ir. Cuando uno elige un deporte tiene que comprometerse. Resultó que aprendí eso junto con mis hijos.

Recuerdo el día en que vino Jay y me dijo:

—Mamá, quisiera empezar tae kwon do.

Yo estaba encinta, esperando a Jordan y Jay decidió que necesitaba practicar artes marciales para poder proteger a su hermanito o hermanita.

—Bien, Jay —dije—. Pero tae kwon do parece bastante rudo. ¿Qué dices si vamos a ver algunas clases así sabes de qué se trata?

Lo llevé y vimos una clase. Es algo que hacíamos siempre: permitir que los chicos investigaran antes de iniciar algo para asegurarse de que era lo que querían, porque una vez que se comprometían, tenían que hacerlo. Luego fuimos a casa y hablamos los tres, y cuando le preguntamos a Jay si quería hacerlo, dijo que sí.

Lo anotamos en las clases de tae kwon do en el gimnasio y con un entrenador particular. Yo llevaba a Jay a sus clases, en grupo e individuales, tres noches a la semana. Y les digo que es un deporte rudo. Tenía solamente seis años y muchas veces tenía que luchar con un muchacho de veinte años porque todos los principiantes estaban juntos en el mismo grupo. Era duro para él (y también para mí cuando lo observaba).

Una noche Jay llegó a casa y anunció que detestaba tae kwon do y que quería dejar de ir.

—Es duro, porque te pegan y no me gusta eso —dijo.

Después de lo que había visto yo no podía estar en desacuerdo, por lo que dije que para mí estaba bien, y cuando Phillip llegó le conté que Jay ya no iría a tae kwon do.

—Sabes... —dijo—. Eres mujer y no espero que lo entiendas del todo, pero cuando se trata de los deportes, los hombres somos diferentes. Jay se comprometió a hacer tae kwon do y no va a abandonar. No lo dejará.

¡Me enojé tanto!

—¿Cómo puedes permitir que golpeen así a tu hijo?, —dije—. Es tan pequeño, y le duele y no le gusta.

—Puede ser —dijo Phillip—. Sin embargo, el respeto que sentirá por sí mismo cuando termine es mucho más importante que la comodidad que tendrá si lo deja. Si abandona ahora, jamás sabrá lo bien que se siente terminar con esto. La lección que aprende en cuanto al compromiso será genial cuando termine, y no quiero que lo deje.

Jay siguió durante cuatro años más y terminó con cinturón negro de segundo grado, que no habría obtenido si le hubiera permitido abandonar. Así que Jay aprendió una lección sobre el compromiso y yo también aprendí algo: a veces tengo que aceptar el criterio de Phillip, aunque contradiga el mío. Dije antes que hay cosas que Phillip no entiende porque no es mujer, y sé ahora que hay cosas que yo no entiendo porque no soy hombre. Ese episodio del tae kwon do me enseñó que los padres y las madres podemos ofrecer diferentes tipos de sabiduría, y que mis temores en cuanto a que Jay saliera lastimado no tenían tanto fundamento como el deseo de Phillip de que su hijo llegara a respetarse a sí mismo.

A lo largo de los años muchas veces decidí aceptar el criterio de Phillip. Como hombre y padre de hijos varones, su tarea consistía en enseñarles cómo ser hombres y padres y solamente él podía enseñarles eso, no yo. Jay y Jordan quizá fueran padres de familia algún día y yo veía en Phillip que inculcaba en ellos el impulso y el compromiso que hace falta para estar parado ante la puerta protegiendo a una esposa y sus hijos. Era una prioridad para nosotros enseñarles a los niños lo que significa ser hombres responsables y maduros, y gran parte de esto era enseñarles el respeto por las mujeres.

Tuve la oportunidad perfecta para enseñarle esto a Jay cuando él tenía quince años. Estaba en el último año de la secundaria para varones, y la escuela para mujeres daba un gran baile ese fin de semana. Una chica llamada Christy, a quien había conocido en una reunión anterior de la escuela, lo había invitado a acompañarla al baile. Faltaban pocos días. Jay estaba estudiando para sus exámenes finales cuando sonó el teléfono. Luego oí que decía:

«Hola. Oh, ¿qué tal? Bueno. No mucho, no. No puedo hablar ahora. Estoy estudiando. Sí, te veo».

Volvió a su asiento y siguió estudiando. Yo pasé a su lado, como por casualidad.

—¿Quién era?, —pregunté.

—Era Christy.

—¿Qué quería?

—Quería saber si tenía preguntas acerca del baile y si quería hablar del color de su vestido o algo así. Sabes, ojalá no tuviera que ir. —Estaba molesto por la interrupción y yo sabía que tenía que corregirlo.

—Jay, amor. Quiero decirte algo con respecto a las chicas. Ante todo, Christy pasó mucho tiempo preparándose para este baile. Pensó mucho antes de decidir con quién ir y te eligió a ti. Está entusiasmada. Pasó mucho tiempo eligiendo su vestido y peinado. Eres su invitado y ahora te llama para decirte de qué color es su vestido, probablemente para que puedas elegir un corpiño de un color que combine. Y tú actúas como si no quisieras ir con ella. No es justo. De hecho, es mala educación. Tendrás que llamarla ahora mismo y mostrarle que estás entusiasmado por el baile. Tienes que mostrarle el respeto que merece por haberte elegido. Porque te garantizo que en este momento no estará muy feliz. Además, quiero decirte otra cosa sobre las mujeres. Cuando de hombres se trata, nunca olvidamos. Si yo fuera tú, trataría muy bien a esta chica porque quizá un día sea propietaria de la compañía en la que quieras trabajar. Y te prometo que cuando entres para la entrevista, recordará cómo la trataste, y no querrás perder tu empleo a los treinta años por no haber sido caballero a los quince. Y te digo algo más: las chicas hablan. Si no la tratas bien, les dirá a todas sus amigas lo maleducado y malo que eres. Y ellas lo pensarán dos veces antes de invitarte, o aceptar una invitación tuya. Aceptaste acompañar a esta chica a su baile y deberías hacerlo con orgullo. Y aún si no quieres volver a salir con ella, aún así deberías de seguir siendo su amigo. Porque después de todo quieres que les diga a sus amigas: «No, ya no salimos, pero les digo que es el chico más dulce y simpático y siempre seguiremos siendo amigos». Nunca olvides esto, Jay. Confía en mí. Soy mujer, y lo sé.

Había terminado de decir mi parte. Jay fue al teléfono, llamó a Christy y dijo todo lo que debió haberle dicho la primera vez.

Hay cosas que solamente puede hacer una mujer y una de ellas es enseñarle a su hijo cómo somos las mujeres. Quería que Jay supiera que no bastaba con tratar a una mujer mostrando respeto, también tenía que mostrar compasión. Las mujeres y los hombres vemos las cosas de manera diferente, y quería que mis hijos supieran que cuando de mujeres se trata, les convendría intentar ver las cosas desde el punto de vista de ellas.

No siempre es fácil ver las cosas desde el punto de vista del otro, pero siempre intenté lograrlo en mi matrimonio. Si Phillip y yo nos llevamos bien no es porque estemos de acuerdo en todo sino porque ambos hacemos el esfuerzo de entender por qué el otro piensa, siente o actúa de determinada manera. Después de treinta años, uno llega a conocer muy bien a un hombre y sé que si Phillip y yo no estamos de acuerdo en algo no es porque él no esté viendo la situación con atención. Es porque la ve diferente, distinta a como la veo yo.

Hace años conocí a una mujer que vivía en una casa enorme y bella que me encantaba. Estaba sobre una colina y tenía una vista bellísima. Cada vez que la visitaba, pensaba: *Qué lugar hermoso. Me gustaría vivir aquí.* Un día estábamos hablando y me dijo que quería vender la casa. Sentí tanto entusiasmo: *Ojalá... quizá...* Hacía tiempo que queríamos una casa más grande, y en esta habría espacio suficiente sin la molestia de tener que construir. No podía dejar de pensar en esto y cuando Phillip llegó a casa le dije que Leigh pondría su casa a la venta y que quería que él la viese.

Así que fuimos, y Phillip miró la casa. Le gustó, y a mí me encantaba. Ya imaginaba nuestros muebles en esas habitaciones, y pensaba en las cortinas, o en las comidas que prepararía en esa cocina. La desventaja era que el precio era superior a lo que habíamos gastado en nuestra casa de entonces, así que tendríamos que decidir si el aspecto económico era conveniente o no.

Cuando llegamos a casa, yo hablaba y hablaba sobre lo mucho que me gustaba y en lo grandiosa que sería para los niños. Phillip escuchó con paciencia y dijo, mirándome: «Sabes, Robin. Voy a intentar comprar esa casa. Pero si hago negocio y no aceptan mi oferta, se acabó el trato. Me preocupa que te molestes o que no seas feliz. Pero tienes que saber que no voy a arriesgar más de lo que podamos pagar por esa casa solamente porque la quieras. Tienes que estar preparada para eso. Quiero que puedas tener esa casa. Pero tengo miedo de molestarte si vengo y te digo: "No podemos", porque no voy a arriesgar más de lo que podemos costear».

Me miraba con atención y una expresión de preocupación que me hizo pensar: *Qué hombre tan valioso. Está aquí cumpliendo con su tarea de proteger nuestro bienestar y sin embargo le preocupa el hecho de que quizá pueda desilusionarme.* Fui hacia él, lo abracé y apoyé mi cabeza en su espalda.

—¿Dónde estoy?, —dije.

—Detrás de mí, —dijo.

—Así es. Nunca lo olvides.

Sentí que exhalaba aliviado y se relajaba.

Finalmente, no compramos la casa de la colina. No podíamos pagar tanto y Phillip pensó que sería mejor no arriesgarse. Y aunque me gustaba mucho no me costó esta decisión porque sabía que si Phillip pensaba que algo no convenía a nuestra familia, así debía ser. Punto final. Nada, no hay nada, que pueda ser más valioso que mi confianza en mi esposo y mi convicción de que siempre tiene como prioridad lo mejor para nosotros.

No te preocupes, Phillip. No te preocupes por desilusionarme porque estoy contigo. Confío en ti, y sé que siempre decidirás lo mejor para nuestra familia. Estoy de tu lado, y siempre estaré a tu lado.

Créeme. Soy de las que disfrutan de lo bueno. Me gustan las cosas bellas, la ropa buena, y vivir en una casa linda en un barrio precioso. Pero son solamente cosas materiales. Mientras mi esposo y yo podamos ser felices de veras en este rincón de nuestra casa, todo lo que nos rodea no me importa. No importa dónde vivamos. Solíamos vivir en un lugar que tenía el tamaño del armario que uso hoy en mi dormitorio. Y si tuviéramos que volver a ese departamento, yo lo haría y me sentiría plena (un tanto apretada, pero plena, claro).

Lo que me importa es cómo se relajó Phillip cuando le dije que estaba con él, apoyándolo y respaldándolo. Sentí que tenía paz en ese momento porque sabía que lo decía desde mi corazón. *No te preocupes, Phillip. No te preocupes por desilusionarme porque estoy contigo. Confío en ti, y sé que siempre decidirás lo mejor para nuestra familia. Estoy de tu lado, y siempre estaré a tu lado.*

Nunca soñé que escribiría un libro, y aquí estoy, casi terminándolo. Ahora que llegué aquí me siento todavía más agradecida por la oportunidad de llegar con estas páginas al corazón de otras mujeres. Porque así somos las mujeres: nos conectamos primero con el corazón y después con la mente. Escribir este libro me ha hecho tomar mayor conciencia de las mujeres que tocaron mi corazón y mi mente, y al hacerlo, nutrieron mi alma.

Mi bendita suegra, cuyo amor y fuerza constantes aliviaron mi angustia cuando murió mi querida madre. Grandma Jerry hoy tiene más de ochenta años, y de todo lo que me ha regalado, quizá lo más grande sea su constante afirmación de la importancia que tengo en la vida de su hijo. Me reconoce como esposa, y eso no sólo me hace sentir bien sino que además me muestra qué tipo de suegra quiero ser. Lo cual no es poca cosa cuando tu hijo está comprometido para casarse, como lo está mi hijo. Estoy totalmente feliz porque Jay haya elegido a Erica como esposa, y voy a asegurarme de que cada día de su vida sepa que aprecio que sea ella la elegida, como Grandma Jerry lo hizo siempre conmigo. Cuando Phillip y yo nos casamos, su madre siempre me decía: «Si hay una pelea, y hasta si se divorcian siempre estaré contigo». Si se molestaba por algo que Phillip hacía o decía en relación conmigo, decía: «Phillip Calvin...» como lo hacen todas las madres del planeta que usan el segundo nombre de sus hijos para indicar que están en problemas. «Phillip Calvin ¡más te valdrá ser bueno con ella!» Siempre agradeceré a esta mujer maravillosa y cálida lo buena que ha sido conmigo, en especial cuando más lo necesité.

También está mi hermana Cindi, cuyo coraje y gracia frente al sufrimiento indecible siempre me maravillaron. Cindi y su novio iban en auto al aeropuerto temprano una mañana cuando un maníaco que se adelantó con su auto echó un jarro de ácido sulfúrico contra el parabrisas de ellos. Las esquirlas de vidrio y el ácido estropearon el rostro y el cuerpo de mi hermana, destrozando su vida. Mi pobre y querida hermana quedó horriblemente quemada en una vasta porción de su rostro y su cuerpo y la recuperación incluyó sesiones horrendas en que tenían que quitarle las capas de piel muerta, dejando expuesta la carne viva. Cindi volvía de esas sesiones completamente agotada, como si la hubieran desollado viva, y yo me preguntaba: *¿Por qué, Señor? ¿Por qué Cindi?* ¿Por qué le pasó esto a esta mujer amorosa, dulce, divorciada y que crió tres hijas y trabajó en dos empleos para que pudieran estudiar y casarse?

Aún hoy, que han pasado más de cinco años, me cuesta hablar del hecho sin querer gritar y temblar de ira ante esta injusticia. Sin embargo Cindi no hace esto. Mi asombrosa hermana decide ver la experiencia no como un ataque de maldad en contra de ella, sino precisamente como lo que fue: un ataque malvado y al azar, contra todos en general y nadie en particular, de parte de un ser totalmente indiferente al sufrimiento humano. Cindi sabe que no hay nada que pudiera haber hecho para evitar o prevenir la catástrofe. Estaba fuera de su control. Cree que aunque ha sufrido (y horriblemente, soy testigo), hay personas que sufren más que ella y por razones poco importantes como en su caso. Jamás se compadeció de sí misma ni expresó pesar por estar desfigurada. Nunca maldijo a la persona que le hizo esto, aunque el Señor sabe que todos los demás sí lo hicimos. Esto te da una idea de la pura bondad del alma de mi hermana. Unos años después del ataque Cindi y yo aparecimos en el programa de televisión *Larry King Live*. Sus memorias acababan de publicarse y Larry, viejo amigo de Phillip y mío, sugirió que fuéramos a su programa.*

Sentado frente a él junto a ese pequeño escritorio podía ver en su mirada que sentía gran pena por Cindi. Bajo la implacable luz del estudio de televisión, miró las cicatrices en el rostro de mi hermana y dijo: —¿Alguna vez piensas: *"¿Por qué yo?"*

Cindi permaneció en silencio durante un momento.

—No. Jamás pensé en eso —dijo.— Si le preguntara a Dios «¿Por qué yo?» significaría que pienso que tendría que haberle pasado a alguien más. Y jamás querría que le hubiera sucedido a nadie.

¡Qué mujer sorprendente! ¡Qué generosidad, qué amor, qué fuerza! Por sobre todas las cosas ¡qué gracia! Ni una vez culpó a Dios ni expresó enojo porque le hubiera hecho esto a ella. Mucha gente lo haría, pero no Cindi. Nunca creyó que Dios hubiera querido que le pasara esto tan terrible porque eso significaría que ella creía que merecía sufrir. Este es un artículo de fe para ella y para mí: Dios está allí para amarnos y darnos fuerzas. Me sentí orgullosa de ella, porque

---

*Puedes leer la historia terrible e inspiradora de mi hermana en *A Random Act* (Una acción al azar) de Cindi Broaddus con Kimberly Lohman Suiters (New York: William Monow, 2005).

no se rindió a la desesperación y porque eligió perdonar en cambio. Al hacerlo, reclamó su vida de las garras del horror e insistió en el derecho que Dios le dio de vivir su tiempo aquí en la tierra.

Cuando pienso en la extraordinaria gracia de mi hermana, recuerdo la presencia eterna y continua de Dios en nuestras vidas. Dije al principio de este libro que creo que fuimos puestos en esta tierra para disfrutar vidas de gozo y abundancia. Es lo que deseo para Cindi, para mí, y para ti, y para todas las mujeres. Mi deseo es que percibas, como yo, la presencia de Dios en nosotros y alrededor de nosotros y que sintamos el amor que Él siente por todos los seres humanos. Tengo mi corazón en plena paz, porque sé que puedo recurrir a Dios en cualquier momento y pedir ayuda. Sé que puedo. Es por eso que antes de levantarme cada mañana, antes de ir a dormir por la noche agradezco a Dios por todas las bendiciones que me ha dado en la vida.

Siempre habrá gente que querrá decirte con quién tienes que estar, y qué tienes que hacer, pero nadie puede decirte cómo vivir tu vida porque no hay nadie como tú. Mira dentro de ti con los ojos bien abiertos y ve quién está allí dentro: no está ni tu madre, ni tu padre, ni tu esposo o tus hijos, sino tú. Ve a lo profundo, a lo más profundo, más allá de las etiquetas de esposa, madre, hija y hermana hasta encontrar a la mujer esencial dentro de ti, la mujer que Dios creó. Mírala, abrázala y hónrala insistiendo en tu derecho a elegir la vida para la que fuiste creada.

Es mi esperanza que veas tu vida como veo yo la mía, como un gran abanico de decisiones que pueden llevarte más cerca a la persona que quieres ser. Sueño que puedas traer a tu vida a quien atesoras, y todo lo que desees decidiendo, como lo hice yo, precisamente quién eres y qué necesitas para ser feliz. Tu vida está esperando que la reclames como propia. Todo tiene que ver con lo que decidas y elijas. Elige bien, y con toda sabiduría.

INVITACIÓN

Ahora que compartí mi historia contigo, te invito a compartir la tuya conmigo. Cada una de nosotras tiene una historia que contar, y me gustaría oír la tuya. Por favor visite www.RobinMcGraw.com y haz un clic sobre «Share Your Story» (Compartir tu historia).

ACERCA DE LA AUTORA

Robin McGraw, esposa del autor y anfitriona del programa de televisión Dr. Phil McGraw, ha hecho su misión darle prioridad a su familia. Casada por 30 años con el Dr. Phil, Robin ha hecho que su matrimonio y la crianza de sus dos hijos Jay (27) y Jordan (19), sean su máxima prioridad. Una presencia constante en el programa de televisión del doctor Phil desde su primer episodio. La audiencia mundial ha aceptado gustosamente las contribuciones de Robin al programa ya sea hablando de sus experiencias como madre, esposa o hablando de asuntos que las mujeres enfrentan en muchas fases de su vida.

Robin también ha sido anfitriona junto con su esposo en eventos televisivos tales como «Christmas in Washington», «Navidad en Washington», «Academy of Country Music Awards» (Premios a la música country) y ha sido una invitada en los programas «Larry King Live» y «The View». Robin también está fuertemente involucrada con la institución Dr. Phil Foundation, una organización de caridad sin fines de lucro que está consagrada a ayudar a los niños y a las familias en riesgo, donde ha servido como miembro de la junta directiva desde su inicio.

DE LO MÁS PROFUNDO DE MI CORAZÓN
Disponible en inglés

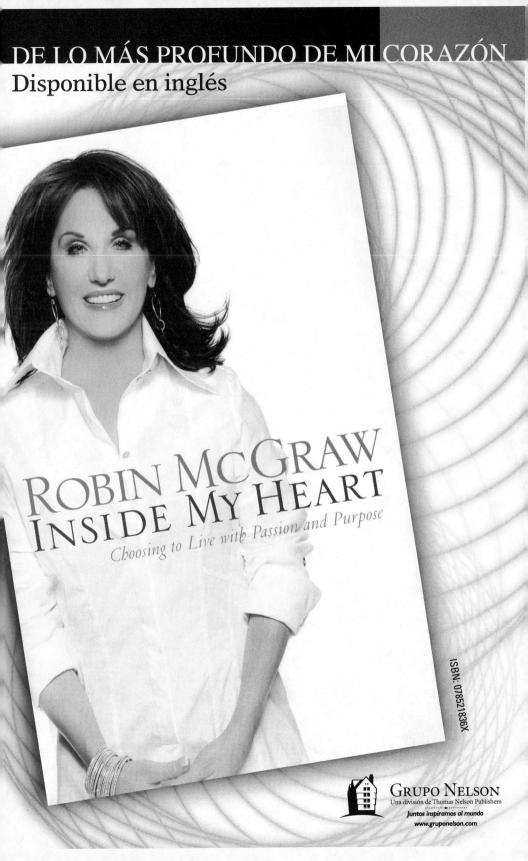

ISBN: 078521836X

GRUPO NELSON
Una división de Thomas Nelson Publishers
Juntos inspiramos al mundo
www.gruponelson.com